LIBERE RIFLESSIONI

A partire dal Compendio del Catechismo

3 - La vita in Cristo e la preghiera

Alberto Strumia

Prefazione

Una brevissima prefazione per introdurre il lettore anche a questo terzo volume del percorso sulla lettura commentata del *Compendio del Catechismo della Chiesa Cattolica.*

Il primo volume è stato dedicato ai numeri del *Compendio* che vanno dal n. 1 al n. 217, che sono dedicati al *Credo,* la "Professione di fede".

Il secondo volume prosegue la lettura commentata del *Compendio* esponendo i numeri che si estendono dal n. 218 al n. 356, trattando dei "Sacramenti" e della "Liturgia".

Questo terzo ed ultimo volume è dedicato alla vita cristiana in ciò che riguarda la morale e la preghiera ed espone i nn. 357-598 del *Compendio.*

Per comodità del lettore ho riportato anche in apertura di questo terzo volume, il "Preambolo" che richiama i concetti fondamentali di "Annuncio", "Dottrina", "Catechesi", "Teologia", e illustra il metodo del lavoro di studio che ho proposto in tutto questo percorso di formazione cristiana.

Alberto Strumia

Preambolo

Prima di incominciare ad accostare il *Compendio del Catechismo della Chiesa Cattolica,* o, a maggior ragione il *Catechismo* nella sua versione più ampia, è bene chiarire il significato di alcuni termini che vengono spesso impiegati senza essere precisati. Questi sono i termini:

1. "Primo annuncio" (*kèrigma*) o anche semplicemente "Annuncio"

2. "Dottrina"

3. "Catechesi"

4. "Teologia".

1. Il "Primo Annuncio"

Il "primo annuncio" è quello che comunica la "notizia" su chi è veramente Gesù Cristo, vero *Dio* ("Verbo"):

> «In principio era il Verbo,
> il Verbo era presso Dio
> e il Verbo era *Dio*» (*Gv* 1,1).

L'unico Dio che ha assunto anche la natura di vero uomo, per farsi conoscere ("Rivelazione") come «centro del cosmo e della storia» (*Redemptor hominis,* n. 1):

> «E il Verbo si fece carne e venne ad abitare in mezzo a noi» (*Gv* 1,14).

L'Annuncio comunica la "buona notizia" (*euangelion,* Vangelo) per ogni uomo: che la vita ha un "senso buono", per chi lo vuole riconoscere:

> «A quanti però l'hanno accolto,
> ha dato potere di diventare figli di Dio» (*Gv* 1,12).

E con la "notizia" introduce anche il "metodo" per una sua "verifica" esistenziale – diremmo noi – e predisporre alla fede, oggi, attraverso la "testimonianza" e la "credibilità" umana di coloro che portano l'Annuncio.

«Ciò che era fin da principio, ciò che noi abbiamo udito, ciò che noi abbiamo veduto con i nostri occhi, ciò che noi abbiamo contemplato e ciò che le nostre mani hanno toccato, ossia il Verbo della vita (poiché la vita si è fatta visibile, noi l'abbiamo veduta e di ciò rendiamo testimonianza e vi annunziamo la vita eterna, che era presso il Padre e si è resa visibile a noi), quello che abbiamo veduto e udito, noi lo annunziamo anche a voi, perché anche voi siate in comunione con noi. La nostra comunione è col Padre e col Figlio suo Gesù Cristo» (*1Gv* 1,1-3).

Ai tempi degli Apostoli ("epoca apostolica"), tale Annuncio si riassumeva sinteticamente nella notizia dalla quale si poteva capire anche tutto il resto, la notizia della Risurrezione di Cristo. I primi cristiani si salutavano con la formula "Cristo è risorto" (*Christós anésti*)

Dal momento della Risurrezione in poi il compito della Chiesa è quello di annunciare Gesù Cristo, unico Salvatore dell'uomo.

«E come potranno sentirne parlare senza uno che lo annunzi?» (*Rm* 10,14).

Se questa consapevolezza viene meno è segno che è venuta meno anche la fede.

2. La "Dottrina"

La fede cristiana ha come oggetto primo Cristo stesso, riconosciuto come vero Dio e vero uomo:

- ciò che Egli è (la Sua Persona)

- ciò che ha insegnato in "parole" e "opere".

Gesù stesso parla del contenuto del Suo "insegnamento" definendolo come "dottrina" («la mia *dottrina*»).

«Udendo ciò, la folla era sbalordita per la Sua *dottrina*» (*Mt* 22,33).

«Che è mai questo? Una *dottrina* nuova insegnata con autorità. Comanda persino agli spiriti immondi e gli obbediscono!» (*Mc* 1,27).

«Rimanevano colpiti dal Suo *insegnamento*, perché parlava con autorità» (*Lc* 4,32).

«Ogni giorno *insegnava* nel tempio» (*Lc* 19,47).

«Gesù rispose: "La mia *dottrina* non è mia, ma di Colui che mi ha mandato. Chi vuol fare la Sua volontà, conoscerà se questa *dottrina* viene da Dio, o se io parlo da me stesso"» (*Gv* 7,16-17).

«Allora il sommo sacerdote interrogò Gesù riguardo ai Suoi discepoli e alla Sua *dottrina*» (*Gv* 8,19).

3. La "Catechesi"

La "catechesi" rappresenta il secondo passo dell'"iniziazione cristiana", dopo il "primo annuncio". Essa consiste nell'insegnamento della "dottrina" di Cristo, "tramandata" (Tradizione, *traditio*) dagli Apostoli e successivamente "custodita" dalla Chiesa lungo i secoli come un "deposito" (*depositum fidei*) al quale attingere con sicurezza e senza alterarlo. Gli Apostoli e i loro successori, con a capo Pietro e i suoi successori, non sono padroni del "deposito", così da poterlo cambiare, ma devono esserne custodi e interpreti fedeli, con l'assistenza dello Spirito Santo.

«Lo Spirito Santo che il Padre manderà nel mio nome, egli v'insegnerà ogni cosa e vi ricorderà tutto ciò che io vi ho detto» (*Gv* 14,26).

La Catechesi ha come oggetto la "dottrina" che deve essere fatta conoscere:

- ai bambini che si preparano a ricevere i Sacramenti

- ai "catecumeni" adulti in preparazione

  - al Battesimo (Catechesi "prebattesimale")

– alla Comunione (Eucaristia)

– alla Cresima (Confermazione)

• e, dopo l'"iniziazione" cristiana (Battesimo, Cresima, Comunione), agli adulti per l'"approfondimento" della fede (Catechesi "mistagogica")

• e la preparazione alla Confessione (Penitenza), per ricorrervi regolarmente, oltre che necessariamente in ogni situazione di peccato grave.

4. La "Teologia"

La "teologia" non va confusa con la "dottrina".

La "teologia" consiste in un lavoro sistematico degli studiosi (i teologi) che, a partire

• dalla "dottrina", contenuta nella Rivelazione (fissata nella sacra Scrittura), autenticamente interpretata dal Magistero della Chiesa, da loro accettata per fede

• e dalle loro conoscenze "filosofiche" e "scientifiche"

• deducono, seguendo le "regole della logica", delle conseguenze coerenti sia con la "dottrina" che con la "filosofia/scienza", sviluppando una teoria coerente (scienza teologica).

Chiaramente possono essere considerate "teologia cattolica" ("Teologia" con l'iniziale maiuscola) solo quelle "teorie" che si basano su premesse filosofiche che non contraddicono la "dottrina". Diversamente si parla di "teologia" (con l'iniziale minuscola), in un senso che viene "esteso", più o meno opportunamente e propriamente, anche alle visioni non cattoliche, o addirittura non cristiane (nelle religioni).

Mentre la "dottrina" di Cristo, in senso proprio, non può essere modificata nel corso dei secoli, la "Teologia" ha carattere "ipotetico" e può subire correzioni in dipendenza delle correzioni resesi necessarie per la filosofia/scienza sulla quale il teologo si basa, o di ulteriori dati dogmatici definiti dal Magistero che escludono come erronee concezioni teologiche fino a quel momento ritenute ammissibili.

Il carattere ipotetico della teologia di un autore assume sempre maggiore "certezza" nella misura in cui resiste alla prova della storia, fondandosi su basi filosofiche ("metafisiche") consolidate, e non necessariamente in ogni suo aspetto. Basti pensare alla teologia dei Padri della Chiesa e in particolare di sant'Agostino e di san Tommaso d'Aquino.

La struttura del Catechismo (il "contenuto")

Il *Catechismo della Chiesa Cattolica* ha come oggetto proprio la "dottrina cattolica" e non una teologia particolare, se non in quegli aspetti che la Chiesa ha assunto come parte integrante del suo insegnamento, riconoscendoli come parte della "dottrina", per una comprensione più profonda dell'insegnamento di Cristo.

Come tale, l'insegnamento del Catechismo non deve essere inquinato, per quanto possibile, dalle mode teologiche del momento, né dalle tendenze filosofiche e ideologico-politiche del tempo, né deve essere accompagnato dall'invito ad assumere o compiere gesti dettati dal sentimentalismo.

Nell'Ultima Cena Gesù aveva lasciato agli Apostoli un preciso "mandato" esplicito:

«Fate questo in memoria di me» (*Lc* 22,19).

Da questo "mandato", che essi presero "alla lettera", per l'autorevolezza con cui era stato pronunciato, ispirati in ciò dallo Spirito Santo, nacque la "liturgia", alla quale si doveva essere ammessi solo se si aveva una piena "consapevolezza" di ciò che in essa stava accadendo e si aveva fede nella "dottrina" di Cristo.

I cristiani erano convocati in nome di questa "fede comune" ("comunione") che li univa, fino a formare, con il loro prendere parte alla liturgia come un "anello", i cui frammenti si ricomponevano (*syn-ballein*) insieme combaciando perfettamente. Era il "simbolo apostolico", che oggi noi chiamiamo il "Credo".

Per poter ricevere il Battesimo ed entrare ad essere membra del Corpo di Cristo che è la Chiesa, unirsi al "simbolo" bisognava imparare a memoria e conoscere il significato delle parole del "Credo" e dichiarare di riconoscerle vere ("professione di fede").

- Ai Catecumeni veniva "consegnato" (tra-mandato) dalla Chiesa il "Simbolo" perché essi, una volta battezzati, lo professassero pubblicamente dinanzi alla comunità, "restituendolo" intatto, come lo avevano ricevuto, alla Chiesa (*reddito simboli*).

- Insieme al "simbolo" veniva insegnato il "Padre Nostro", la preghiera che Gesù stesso aveva insegnato agli Apostoli e ai discepoli.

  «Voi dunque pregate così: Padre nostro che sei nei cieli,...» (*Mt* 6,9).

  «"Signore, insegnaci a pregare, come anche Giovanni ha insegnato ai suoi discepoli". Ed egli disse loro: "Quando pregate, dite: *Padre, sia santificato il tuo nome,...*"» (*Lc* 11,1-2).

Per questa ragione i Catechismi hanno tradizionalmente contenuto:

- la spiegazione del *Credo*, ovvero dei dogmi principali della fede

- e del *Padre nostro*.

Nell'attuale *Compendio* troviamo la "Parte I" dedicata al *Credo*, e la "Parte IV" alla "preghiera cristiana". Le altre due parti sono dedicate

- alla Liturgia e ai Sacramenti, espressione e attuazione di ciò in cui la Chiesa "crede" (*lex orandi lex credenti*)

- e all'"antropologia" cristiana (l'"uomo nuovo" in Cristo) con la "morale" ad essa conseguente (le regole per la vita buona dell'uomo nuovo).

La didattica del Compendio (metodo)

Il Catechismo utilizza come "metodo didattico" quello della comunicazione del "contenuto essenziale" (cioè indispensabile per essere consapevolmente cristiani cattolici).

Questo contenuto è quello:

- della "Rivelazione";

- del "Magistero della Chiesa", consolidatosi fino a formare una Tradizione, dagli insegnamenti del Padri fino alla formulazione del dogmi;

- e di quella parte della " filosofia" e della "scienza" che sviluppa ciò che anche nella Rivelazione è contenuto, o presupposto, e che la ragione può raggiungere anche da sola, se viene correttamente usata.

III – LA VITA IN CRISTO

Sezione prima: la vocazione dell'uomo
La vita nello Spirito

357. Come la vita morale cristiana è legata alla fede e ai Sacramenti? (1691-1698)

Ciò che il Simbolo della fede professa, i Sacramenti lo comunicano. Infatti, con essi i fedeli ricevono la Grazia di Cristo e i doni dello Spirito Santo, che li rendono capaci di vivere la nuova vita di figli di Dio nel Cristo accolto con la fede.

«Riconosci, o cristiano, la tua dignità» (san Leone Magno).

A partire da questo numero del *Compendio*, terminata la parte propriamente "dogmatica" (che espone le "verità" nelle quali si è chiamati a "credere" per essere cristiani cattolici)

- verità formulate nel *Credo* (parte I)
- verità riguardanti i *Sacramenti* (parte II)

in questa terza parte, si passa a trattare della "morale", ovvero dei comportamenti da tenere ("virtù") e di quelli da evitare ("peccati"), nella vita cristiana.

Va detto subito che, in una concezione sanamente "cattolica" della "morale"

- non ci si limita ad elencare ciò che è "bene" (e qunidi è "comandato") e ciò che è "male" (e quindi è "vietato"), cosa per altro indispensabile;
- ma si illustrano anche le "ragioni" per cui si insegna che certi atti/abitudini sono un "bene" e altri sono un "male".

Le "ragioni" che fondano la "morale" si possono rinvenire

- nella concezione stessa della "persona umana" ("antropologia")

  = che Dio ha "rivelato"

  = e nel come Egli ha "creato" la natura dell'essere umano ("antropologia naturale")

 – che si fonda a sua volta nella concezione stessa dell'"essere" ("metafisica"), cioè di ciò che esiste in quanto creato da Lui,

Così si può dire che per presentare bene la "morale" cattolica, così che non si riduca a un "moralismo" senza motivazioni, occorre fondarla su una sana "antropologia", che a sua volta è fondata su un'autentica "metafisica".

Tradizionalmente si sintetizzava questa regola della sana morale con la formula: *è comandato perché è un bene* (*praeceptum quia bonum*), contrapponendola a quella del moralismo (in particolare quello kantiano) per il quale *è bene ciò che è comandato* (*bonum quia praeceptum*).

Infatti non basta che qualcosa sia comandato da una legge, da un potere, ecc. perché sia qualcosa di buono; mentre, al contrario qualcosa deve essere comandato perché è in se stesso buono.

Questo è il motivo per cui questa terza parte è intitolata "La vita in Cristo" e del fatto che san Paolo parla dell'«uomo nuovo» in Cristo.

Capitolo primo
La dignità della persona umana – l'uomo immagine di Dio

358. Qual è la radice della dignità umana? (1699-1715)

La dignità della persona umana si radica nella creazione ad immagine e somiglianza di Dio. Dotata di un'anima spirituale e immortale, d'intelligenza e di libera volontà la persona umana è ordinata a Dio e chiamata, con la sua anima e il suo corpo, alla beatitudine eterna.

In questo numero si "rivela" il livello più profondo della dignità dell'essere umano: quella di essere "persona". Si può parlare di "persona", nel senso proprio del termine, solo a partire dall'*immagine e somiglianza* con le Persone divine della Trinità, che operano come unico Dio Creatore. Se viene meno il riconoscimento di questo dato "ontologico" che fonda la natura personale dell'essere umano, un po' alla volta, l'essere umano perde valore agli occhi degli altri esseri umani. Così che diviene concepibile, fino a praticarla, anche la soppressione della sua vita, con l'aborto, l'eutanasia, il suicidio e addirittura l'omicidio, anche per futili motivi.

Nei prossimi quattro numeri si espone la dottrina cattolica sulla "felicità" che ogni essere intelligente e libero desidera per sua natura raggiungere. Secondo il linguaggio cristiano essa è detta "beatitudine".

LA NOSTRA VOCAZIONE ALLA BEATITUDINE

359. Come raggiunge l'uomo la beatitudine? (1716)

L'uomo raggiunge la beatitudine in virtù della Grazia di Cristo, che lo rende partecipe della vita divina. Cristo nel Vangelo indica ai suoi la strada che porta alla felicità senza fine: le Beatitudini. La Grazia di Cristo opera anche in ogni uomo che, seguendo la retta coscienza, cerca e ama il vero e il bene, ed evita il male.

La ricerca della felicità è lo scopo che si manifesta come tendenza innata nella natura di ogni essere umano. Ciascuno vuole "stare bene", in tutti i sensi e in pienezza e cerca di identificare l'obiettivo ("fine ultimo") che deve raggiungere e conquistare per ottenere questo "stato permanente" di "bene-essere". San Tommaso all'inizio della prima parte del secondo volume della sua *Summa Theologiae*, dove tratta di questo argomento, elenca gli obiettivi ("fini ultimi") più comuni identificati dagli esseri umani, a questo scopo: da quelli più grossolanamente "materiali", come la ricchezza, i piaceri della carne; a quelli più "immateriali" come la fama, la gloria, il potere esercitato sugli altri. Al culmine della scala riconosce che solo Dio può essere il bene di tutti i beni.

«Quanto all'identificazione di ciò in cui consiste la beatitudine non tutti concordano. Alcuni, infatti, la identificano con la ricchezza, ritenuta il bene suprema, altri con il piacere, e alcuni con qualcosa d'altro ancora. [...] Ma è necessario identificare il bene nella sua pienezza, perché questo sia veramente il fine ultimo al quale aspira chi cerca con una sincera domanda (*Sed quantum ad id in quo ista ratio invenitur, non omnes homines conveniunt in ultimo fine, nam quidam appetunt divitias tanquam consummatum bonum, quidam autem voluptatem, quidam vero quodcumque aliud. [...] Et similiter illud bonum oportet esse completissimum, quod tanquam ultimum finem appetit habens affectum bene dispositum*)».

La Rivelazione, come si dice in questo numero, parla della "beatitudine" come una forma di partecipazione alla vita stessa di Dio, resa possibile come dono gratuito ("Grazia") fatto agli uomini da Dio stesso, e liberamente accolto dall'essere umano.

Qui si aggiunge il riferimento al passo del Vangelo noto come passo delle *Beatitudini*, delle quali si parlerà nei due numeri seguenti, nel loro insieme e senza commentarle singolarmente, in vista della "beatitudine" come stato finale dell'eternità di colui che ha percorso, con l'impegno di tutto se stesso, il cammino della vita cristiana.

Si aggiunge, poi, che la Grazia, che "ordinariamente" si riceve tramite i Sacramenti, può operare anche "straordinariamente" in quanti non conoscendo, o non conoscendo adeguatamente Cristo e la Sua Dottrina e senza loro colpa, seguono la Legge Naturale che è innata, come disposizione, nella loro *retta coscienza* e li guida verso la ricerca del vero bene, evitando ciò che gli è contrario.

360. **Perché le Beatitudini sono importanti per noi?** (1716-1717
1725-1726)

Le Beatitudini sono al centro della predicazione di Gesù, ripren-
dono e portano a perfezione le promesse di Dio, fatte a partire
da Abramo. Dipingono il volto stesso di Gesù, caratterizzano
l'autentica vita cristiana e svelano all'uomo il fine ultimo del suo
agire: la beatitudine eterna.

Qui si fa riferimento alle Beatitudini proclamate da Gesù nel fa-
moso *discorso della Montagna* riportato nei Vangeli di Matteo e
Luca (*Mt* 5,3-12; *Lc* 6,20-23). Di queste *Beatitudini* si dice che:

– *riprendono e portano a perfezione le promesse di Dio, fat-*
te a partire da Abramo. Alla luce di tutta la "Rivelazione"
e del "Deposito della Fede", queste promesse si riferisco-
no all'opera di "Riparazione" della "Giustizia originale" nel
rapporto tra l'uomo/umanità e Dio Creatore, attuata da Cristo con la Sua Passione, Morte e Risurrezione. Così da rendere nuovamente accessibile all'uomo il "giusto modo" di
rapportarsi con Dio, con se stesso e con il prossimo. Coloro che sono colpiti dalla perdita della giusitizia, grazie alla
"riparazione", divengono beati per l'eternità.

Nelle Beatitudini vengono elencate le condizioni di debolez-
za "oggettiva", o "ritenuta tale" in conseguenza della perdita
della "giustizia originale" (qui evidenziata tra virgolette) e la
corrispondente riparazione (evidenziata in corsivo):

= "i poveri in spirito", perché *di essi è il Regno dei Cieli.*

= "gli afflitti", perché *saranno consolati.*

= "i miti", perché *erediteranno la terra.*

= quelli che hanno "fame e sete della giustizia", perché
saranno saziati.

= "i misericordiosi", perché *troveranno misericordia.*

= "i puri di cuore", perché *vedranno Dio.*

= "gli operatori di pace", perché *saranno chiamati figli di*
Dio.

= "i perseguitati" per causa della giustizia, perché *di essi è il Regno dei Cieli.*

= voi quando "vi insulteranno", "vi perseguiteranno" e, mentendo, "diranno ogni sorta di male contro di voi" per causa mia. Rallegratevi ed esultate, perché *grande è la vostra ricompensa nei Ccieli.* Così infatti hanno perseguitato i profeti prima di voi.

– *Dipingono il volto stesso di Gesù, caratterizzano l'autentica vita cristiana.* Il volto di Gesù è il modello "esemplare" dell'antropologia dell'uomo nuovo, come lo descrive san Paolo (*Cfr., Ef* 4,17-24)

– *Svelano all'uomo il fine ultimo del suo agire: la beatitudine eterna.* La pienezza della restituzione della "giustizia originale" sarà sperimentata alla fine dei tempi, nell'Eternità, come *beatitudine eterna* se la volontà del singolo avrà voluto accoglierla seguendo Cristo nella Chiesa. Della libertà dell'uomo e del suo rapporto con la Grazia si dovrà parlare a partire dal n. 363.

---

361. In che rapporto sono le Beatitudini col desiderio di felicità dell'uomo? (1718-1719)

Esse rispondono all'innato desiderio di felicità che Dio ha posto nel cuore dell'uomo per attirarlo a sé e che solo lui può saziare.

Quanto è stato detto a proposito del numero precedente spiega ciò che qui viene affermato delle *Beatitudini,* essendo stato chiarito come *esse rispondono all'innato desiderio di felicità che Dio ha posto nel cuore dell'uomo.*

---

362. Che cos'è la beatitudine eterna? (1720-1724 1727-1729)

È la visione di Dio nella vita eterna, in cui noi saremo pienamente «partecipi della natura divina» (2Pt 1,4), della gloria di Cristo e del godimento della vita trinitaria. La beatitudine oltrepassa le capacità umane: è un dono soprannaturale e gratuito di Dio, come la Grazia che ad essa conduce. La beatitudine promessa ci pone di fronte a scelte morali decisive riguardo ai beni terreni, stimolandoci ad amare Dio al di sopra di tutto.

Questo numero è autoesplicativo e sarebbe difficile aggiungere altro, se non cercando di dettagliare, almeno in parte ciò che esso dice, con qualche rapido riferiemento alla riflessione della tradizione teologica.

La beatitudine, ovverlo la massima felicità per l'uomo *è la visione di Dio*. C'è nella natura dell'uomo un spinta ineludibile a cercare quel senso della propria vita e di tutte le cose che tutti – compresi quelli che lo negano – chiamano "Dio", perché l'uomo non basta a se stesso e quando finge di bastare a se stesso, tutto gli si rivolta prima o poi, contro. Così egli scopre di essere "creatura", ontologicamente legato al suo Creatore, che cerca come il Padre e vuole vederlo. È il «desiderio naturale di vedere Dio (*naturale desiderium videndi Deum*)» direttamente (*per essentiam*), «faccia a faccia» («Adesso noi vediamo in modo confuso, come in uno specchio; allora invece vedremo faccia a faccia», *1Cor* 13,12) e non appena mediatamente, attraverso le cose create che sono l'effetto della Sua azione causale creatrice.

LA LIBERTÀ DELL'UOMO

363. Che cos'è la libertà? (1730-1733 1743-1744)

È il potere donato da Dio all'uomo di agire o di non agire, di fare questo o quello, di porre così da se stesso azioni deliberate. La libertà caratterizza gli atti propriamente umani. Quanto più si fa il bene, tanto più si diventa liberi. La libertà raggiunge la propria perfezione quando è ordinata a Dio, sommo Bene e nostra Beatitudine. La libertà implica anche la possibilità di scegliere tra il bene e il male. La scelta del male è un abuso della libertà, che conduce alla schiavitù del peccato.

Come si è anticipato commentando il precedente n. 357, la morale cattolica non si limita ad elencare – moralisticamente – ciò che è bene (atti buoni e virtù) e ciò che è male (peccati e vizi), ma intende "rendere ragione" di quanto afferma ed esige, offrendo un "fondamento antropologico" che descrive i caratteri essenziali dell'essere umano che costituiscono la sua "natura". Tale "fondamento antropologico" si radica, a sua volta in un "fondamento ontologico" ("metafisico") che riguarda ogni essere.

Ecco perché questo numero parla della "libertà" che è propria della "volontà" di ogni essere "razionale" (uomo, angelo, Dio).

Il *Catechismo* ha lo scopo di presentare la "dottrina rivelata" che è oggetto della fede, lasciando

- – alla teologia
- – alla filosofia
- – e alle scienze (antropologia, scienze cognitive, ecc.)

il compito di analizzare i dettagli del modo di procedere della conoscenza umana del suo agire volontario.

Per questo non si sviluppa qui una dettagliata "teoria cognitiva", ma ci si limita a parlare della "libertà", come caratteristica e condizione indispensabile per caratterizzare un "atto volontario" come "morale".

Si dice, perciò che *la libertà caratterizza gli atti propriamente umani.*

San Tommaso distingue, a questo proposito l'atto "umano", libero e responsabile (*actus humanus*) dall'atto "dell'uomo", compiuto dall'uomo come un semplice animale (*atus hominis*), senza il controllo diretto della sua libera volontà.

Il passo successivo che troviamo in questo numero riguarda due aspetti o significati della parola "libertà":

- l'uno identifica *il potere donato da Dio all'uomo di agire o di non agire, di fare questo o quello, di porre così da se stesso azioni deliberate* (libertà di "determinazione" tra due scelte che si oppongono) e in particolare *la possibilità di scegliere tra il bene e il male* ("libertà *di*")
- l'altro identifica l'esperienza di "liberazione" dal limite del male ("libertà *da*") che si attua nel dirigersi verso un bene sempre "più grande" (*La libertà raggiunge la propria perfezione quando è ordinata a Dio, sommo Bene e nostra Beatitudine*). Al contrario, l'allontanarsi dal bene più grande è il male ("peccato", "vizio") che rende schiavi (*La scelta del male è un abuso della libertà, che conduce alla schiavitù del peccato*).

---

364. **Quale relazione esiste tra libertà e responsabilità?** (1734-1737 1745-1746)

La libertà rende l'uomo, responsabile dei suoi atti nella misura in cui sono volontari, anche se l'imputabilità e la responsabilità di un'azione possono essere sminuite e talvolta annullate dall'ignoranza, dall'inavvertenza, dalla violenza subita, dal timore, dagli affetti smodati, dalle abitudini.

In questo numero si anticipa sommariamente la questione del rapporto tra "libertà" e "responsabilità". Quest'ultima richiede un lavorare insieme di

- *conoscenza* del "bene" e della sua privazione che è il "male" in relazione all'azione che si sta considerando di compiere.
  La *conoscenza* è compito dell'"intelletto" della persona soggetto dell'azione;

- *volontà* di decidere di agire in vista del vero bene e non di un male. L'agire è compito della *volontà*;
- *libertà di scegliere* il "bene", cioè di cioè di non costrizione ad agire in un modo piuttosto che in quello opposto.

Qualora questi tre fattori non sussistano pienamente tutti insieme, *l'imputabilità e la responsabilità di un'azione possono essere sminuite e talvolta annullate dall'ignoranza, dall'inavvertenza, dalla violenza subita, dal timore, dagli affetti smodati, dalle abitudini.*

Va comunque evidenziato, a proposito della *conoscenza* che può esserci anche una non conoscenza "responsabile", e quindi una "ignoranza colpevole", dovuta alla trascuratezza, o addirittura alla volontà di non sapere per non sentirsi colpevoli di un modo di agire erroneo. Questa è una "via di comodo" non ammissibile per un cristiano. Si ha, quindi, il dovere di farsi istruire adeguatamente da chi è in grado di farlo, in quanto guida della comunità ecclesiale, curando la propria formazione di una "retta coscienza".

365. **Perché ogni uomo ha diritto all'esercizio della libertà?** (1738 1747)

Il diritto all'esercizio della libertà è proprio d'ogni uomo, in quanto è inseparabile dalla sua dignità di persona umana. Pertanto tale diritto va sempre rispettato, particolarmente in campo morale e religioso, e deve essere civilmente riconosciuto e tutelato nei limiti del bene comune e del giusto ordine pubblico.

Questo numero sancisce il diritto di ogni persona umana consapevole alla libertà di decidere nell'ambito di ciò che è lecito secondo *la legge naturale*. Ogni essere umano, in quanto è creato dal Creatore a Sua immagine e somiglianza, come "persona", è dotato, per natura di intelligenza e libera volontà. Chiunque contravviene a questo "diritto naturale", si pone contro Dio Creatore, così come la "ragione" può conoscerlo, e la "Rivelazione" lo chiarisce e lo conferma.

---

366. Come si colloca la libertà umana nell'ordine della Salvezza?
(1739-1742 1748)

La nostra libertà è indebolita a causa del primo peccato. L'indebolimento è reso più acuto dai peccati successivi. Ma Cristo «ci ha liberati perché restassimo liberi» (Gal 5, 1). Con la sua Grazia lo Spirito Santo ci conduce alla libertà spirituale, per farci suoi liberi collaboratori nella Chiesa e nel mondo.

Queto numero ci ricorda che la "natura umana" non è più perfettamente salda, a causa della volontaria "perdita" della "giustizia originale", cioè del modo giusto di rapportarsi con Dio Creatore ("peccato originale") e del rinnovarsi di questa a causa della ripetizione della medesima scelta con i "peccati attuali". Di conseguenza la "natura umana" è indebolita rispetto alla sua condizione originale. Ciò comporta un indebolimento del suo potere conoscitivo e deliberativo.

Così l'indebolimento delle facoltà umane riguarda:

– l'*intelletto* (intelligenza) nel suo potere conoscitivo della verità;

– la libera *volontà* nel suo potere deliberativo di voler scegliere il bene conosciuto;

– oltre agli stessi *sensi* e al controllo delle passioni che non obbediscono più spontaneamente alla ragione e alla volontà.

Per cui l'essere umano, indebolito nelle sue capacità naturali, diviene anche maggiormente sensibile agli attacchi del demonio che lo tenta più facilmente per allontanarlo dalla scelta del bene previsto per lui da Dio Creatore.

La Redenzione oparata da Cristo con la Sua Passione, Morte e Risurrezione, ha riaperto per l'uomo la possibilità di accedere nuovamente alla "giustizia originale" ("Grazia") riacquistando la libertà nell'agire per il bene, fino a renderci utili collaboratori del Creatore e del Salvatore, attraverso l'edificazione della Chiesa.

367. Quali sono le fonti della moralità degli atti umani? (1749-1754 1757-1758)

La moralità degli atti umani dipende da tre fonti: dall'oggetto scelto, ossia un bene vero o apparente; dall'intenzione del soggetto che agisce, e cioè dal fine per cui egli compie l'azione; dalle circostanze dell'azione, ivi comprese le conseguenze.

Il numero è autoesplicativo. Vale la pena, però, sottolineare il giusto peso da riconoscere nelle parole impiegate. Si parla di tre elementi o fattori che caratterizzano la "bontà" o meno di ogni atto umano (è ciò che chiamiamo "moralità" dell'azione considerata).

- il primo è l'*oggetto scelto, ossia un bene*. Quando si decide di compiere una certa azione ("atto umano") lo fa in vista di un "bene" da ottenere per sé o per qualcun altro.
  Il bene desiderato da conseguire è l'*oggetto* dell'azione.
  Naturalmente ci si può anche sbagliare nell'identificazione di ciò che è il *vero bene* per noi o per l'altro. Per questo il numero parla di *bene vero o apparente*. Ed è responsabilità del soggetto dell'azione l'approfondire la conoscenza di ciò che è un *vero bene* per non ingannarsi scegliendo un bene solo *apparente* tale. Ed è responsabilità di chi deve aiutare, la formazione di una retta coscienza l'insegnare la vera dottrina sul bene e il male (che è la privazione di quel bene che dovrebbe esserci).
- Il secondo fattore che qualifica la bontà o meno ("moralità") di un "atto umano" è l'*intenzione del soggetto che agisce*.

La parola "intenzione" ha nella sua radice la parola "tende-re" (in-tendere, ovvero "tendere verso") e, come tale è quali-ficata da ciò verso cui il soggetto che agisce *vuole* tendere". È il "fine" dell'azione che "liberamente" si "vuole" raggiun-gere. Se il fine è un "bene" questo fattore contribuisce a qua-lificare l'atto come "buono". Se è un "male" l'azione sarà per un cattivo fine.

– Il terzo elemento della moralità di una "atto umano" sono le *circostanze dell'azione, ivi comprese le conseguenze.*

Queste possono attenuare o aggravare la bontà o meno di un'azione.

Nei numeri successivi si approfondirà la considerazione di questi tre fattori che caratterizzano ogni "atto umano" quanto alla sua moralità.

Si deve sottolineare che tutta questa attenta analisi dell'azione umana

– non è fatta in termini puramente giuridici, legalistici come vorrebbe un certo moralismo legalista per il quale "è bene ciò che è comandato" (*bonum quia praeceptum*) più o me-no arbitrariamente, e comunque convenzionalmente, da una qualche autorità (Stato, padrone, al limite Dio stesso) per il fatto di essere autorità;

– ma, al contrario, è fatta a partire dalla "realtà delle cose".

A partire dal "dato di fatto" della realtà com'è in se stessa (è quella che si chiama un'analisi "metafisica") e in partico-lare dalla "realtà dell'essere umano" (è un'analisi "antropo-logica").

Per cui ciò che viene comandato come un precetto, non trae il suo essere un bene dal fatto di essere comandato e ba-sta. Ma viceversa, motiva il fatto di essere comandato, come precetto, dal fatto di essere per il bene della persona umana, di se stessi e degli altri: "è comandato perché è un bene" (*praeceptum quia bonum*).

Questa impostazione che troviamo sviluppata nella "teologia moral" di san Tommaso d'Aquino libera da ogni possibile forma di moralismo e legalismo.

368. Quando l'atto è moralmente buono? (1755-1756 1759-1760)

L'atto è moralmente buono quando suppone ad un tempo la bontà dell'oggetto, del fine e delle circostanze. L'oggetto scelto può da solo viziare tutta un'azione, anche se l'intenzione è buona. Non è lecito compiere il male perché ne derivi un bene. Un fine cattivo può corrompere l'azione, anche se il suo oggetto, in sé, è buono. Invece un fine buono non rende buono un comportamento che per il suo oggetto è cattivo, in quanto il fine non giustifica i mezzi. Le circostanze possono attenuare o aumentare la responsabilità di chi agisce, ma non possono modificare la qualità morale degli atti stessi, non rendono mai buona un'azione in sé cattiva.

Questo numero insegna che per avere un "atto buono" e quindi moralmente lecito occorre che simultaneamente i tre elementi che lo caratterizzano ("oggetto", "fine", "circostanze/conseguenze") siano "buoni" in se stessi (*L'atto è moralmente buono quando suppone ad un tempo la bontà dell'oggetto, del fine e delle circostanze.*

Secondo il classico principio per il quale *il bene è l'effetto di una causa "integra" nel bene; mentre il male è l'effetto anche di un solo difetto in qualunque elemento dell'atto (bonum ex integra causa, malum ex quocumque defectu).*

Ne consegue che *il fine non giustifica i mezzi*; che dei mezzi in sé legittimi, applicati ad un fine cattivo, non rendono buono un atto; e che le circostanze non mutano, di norma, la moralità di un atto.

Il peso delle circostanze è oggi erroneamente enfatizzato (è la "morale della situazione") per giungere a giustificare qualsiasi azione in sé cattiva, che sarebbe resa legittima a causa dell'ignoranza del soggetto che la compie, o per liberarlo da una situazione di disagio mal sopportata, o altro ancora. Se è vero che l'ignoranza, o il grave disagio possono attenuare la responsabilità del soggetto, rimane il fatto che essi non possono rendere buono un atto in sé cattivo.

---

369. **Vi sono atti che sono sempre illeciti?** (1756 1761)

Vi sono atti, la cui scelta è sempre illecita a motivo del loro oggetto (ad esempio la bestemmia, l'omicidio, l'adulterio). La loro scelta comporta un disordine della volontà, cioè un male morale, che non può essere giustificato con il ricorso ai beni che eventualmente ne potrebbero derivare.

Questo numero è autoesplicativo. Esso spiega che la "materia" di alcuni peccati, che è l'oggetto di talune azioni, è talmente priva di bene in se stessa (ovvero è un male) in tale entità da non essere in alcun modo giustificabile. Il bene che potrebbe derivarne (come "fine") non potrebbe in alcun modo sanare il male che l'atto porta con sé per se stesso. All'elenco presentato oggi possiamo aggiungere, come ulteriore esplicitazione: l'infedeltà matrimoniale, il divorzio, l'aborto, l'eutanasia, la pedofilia, il sacrilegio, la profanazione delle specie eucaristiche.

LA MORALITÀ DELLE PASSIONI

370. **Che cosa sono le passioni?** (1762-1766 1771-1772)

Le passioni sono gli affetti, le emozioni o i moti della sensibilità – componenti naturali della psicologia umana – che spingono ad agire o a non agire in vista di ciò che è percepito come buono o come cattivo. Le principali sono l'amore e l'odio, il desiderio e il timore, la gioia, la tristezza, la collera. Passione precipua è l'amore, provocato dall'attrattiva del bene. Non si ama che il bene, vero o apparente.

La parola "passione" indica ciò che nell'animo umano è "passibile" di ricevere una sollecitazione dall'esterno (i sensi) o dall'interno (pensieri, ricordi, ecc.) che attrae verso qualcosa o qualcuno che le si presenta come un bene (vero o apparente) che attrae e spinge ad agire per ottenerlo. Tutto il problema morale sta nell'identificazione del "vero bene" da conseguire e del "falso bene" o "male" da evitare per non avere un danno sia fisico che spirituale, per se stessi o per gli altri.

371. Le passioni sono moralmente buone o cattive? (1767-1770 1773-1775)

Le passioni, in quanto moti della sensibilità, non sono né buone né cattive in se stesse: sono buone quando contribuiscono ad un'azione buona; sono cattive in caso contrario. Esse possono essere assunte nelle virtù o pervertite nei vizi.

Il numero è già chiaro in se stesso, in quanto precisa che

- lasciarsi travolgere da una "passione smodata" verso qualcosa o qualcuno che non è finalizzato ("ordinato"), secondo la Legge che Dio ha immesso nel cuore dell'uomo (i *Comandamenti*), all'unione con Dio, "fine ultimo" di tutte le cose, è un male;

- mentre mettere abitualmente "passione" nel fare le cose nel modo giusto per la verità della vita ("virtù"), è un bene che aumenta il "merito" dell'azione stessa, agli occhi di Dio.

LA COSCIENZA MORALE

372. Che cos'è la coscienza morale? (1776-1780 1795-1797)

La coscienza morale, presente nell'intimo della persona, è un giudizio della ragione, che, al momento opportuno, ingiunge all'uomo di compiere il bene e di evitare il male. Grazie ad essa, la persona umana percepisce la qualità morale di un atto da compiere o già compiuto, permettendole di assumerne la responsabilità. Quando ascolta la coscienza morale, l'uomo prudente può sentire la voce di Dio che gli parla.

Qui si descrive il "dato di fatto" che, per una sorta di predisposizione connaturata con l'essere umano (*legge di natura*), egli è orientato a scegliere *il bene ed evitare il male.* Questa legge è detta "sinderesi" (*bonum faciendum, malum vitandum*).

- Questa predisposizione, che negli altri animali è puramente istintiva per quanto riguarda ciò che è necessario per la sopravvivenza fisica e la continuità della specie, nell'essere umano si eleva a livello "consapevole" ("coscienza"), fino ad interpellare la sua intelligenza e la sua libera volontà, per quanto riguarda gli "atti liberi" che egli compie nei confronti di se stesso e degli altri esseri umani e di tutto il creato.

- Tale consapevolezza non si limita ad enunciare il principio *fai il bene ed evita il male,* ma si concretizza nell'*identificazione* di ciò che è "bene" e di ciò che è "male" (cioè un "non bene"), secondo quella che viene chiamata la "Legge morale naturale" (brevemente "Legge naturale"). Tale "Legge naturale", oltre ad essere nota per una naturale predisposizione dell'animo umano, è stata anche rivelata da Dio a Mosè sotto la forma dei *Dieci Comandamenti* o *Tavole della Legge.*

373. Che cosa implica la dignità della persona nei confronti della coscienza morale? (1780-1782 1798)

La dignità della persona umana implica la rettitudine della coscienza morale (che cioè sia in accordo con ciò che è giusto e buono secondo la ragione e la Legge divina). A motivo della stessa dignità personale, l'uomo non deve essere costretto ad agire contro coscienza e non si deve neppure impedirgli, entro i limiti del bene comune, di operare in conformità ad essa, soprattutto in campo religioso.

Questo numero illustra la nozione di "retta coscienza" (*rettitudine della coscienza morale*), che consiste nell'*accordo* [della coscienza] *con ciò che è giusto e buono secondo la ragione e la Legge divina.* Una coscienza si può ritenere "oggettivamente retta" quando il suo giudizio su ciò che è bene e ciò che non lo è corrisponde a quanto prescrivono *la ragione e la Legge divina* (i Comandamenti). Diversamente la coscienza è erronea.

L'essere umano rispetta la sua dignità di "persona" quando segue la "retta coscienza" ed è suo compito farsi aiutare e lavorare per accrescerla, piuttosto che tradirla assecondando ideologie anti-umane e comportamenti deviati. Diversamente si abbruttisce perdendo dignità.

Dal momento che la coscienza si misura con la libertà di pensiero e di azione *l'uomo non deve essere costretto ad agire contro coscienza* [neppure quando questa è erronea] *e non si deve neppure impedirgli, entro i limiti del bene comune, di operare in conformità ad essa, soprattutto in campo religioso.*

Occorre, piuttosto, aiutare, nel rispetto della ragione e della libertà, chi è in errore a correggere la propria coscienza, così che da "erronea", possa divenite o ritornare ad essere "retta".

---

374. **Come si forma la coscienza morale perché sia retta e veritiera?** (1783-1788 1799-1800)

La coscienza morale retta e veritiera si forma con l'educazione, con l'assimilazione della Parola di Dio e dell'insegnamento della Chiesa. È sorretta dai doni dello Spirito Santo e aiutata dai consigli di persone sagge. Inoltre giovano molto alla formazione morale la preghiera e l'esame di coscienza.

Questo numero indica i "mezzi" necessari utili alla formazione di una "coscienza morale retta", che vengono indicati nei seguenti tre, principali:

- *l'educazione* che si attua mediante l'insegnamento e l'esempio di genitori, insegnanti, quando vivano una solida esperienza cristiana; di altri che il Signore fa incontrare al momento opportuno (*aiutata dai consigli di persone sagge*)

- *l'assimilazione della Parola di Dio e dell'insegnamento della Chiesa* che ciascun battezzato è tenuto a conoscere e approfondire con l'aiuto di un sacerdote e di laici bene formati (e non semplicemente titolati in qualunque genere di presunta esegesi biblica o teologica!)

- *la preghiera e l'esame di coscienza* che toccano a ciascuno personalmente.

L'efficacia di questi tre mezzi è *sorretta dai doni dello Spirito Santo* ricevuti ordinariamente con il Sacramento della Cresima o Confermazione e arricchitisi con una autentica vita cristiana.

Viene spontaneo domandarsi per quale motivo la coscienza vada così pazientemente educata e corretta, se quanto essa prescrive in ordine all'obbedienza alla *Legge naturale* è già iscritto nella natura dell'essere umano? Come ricorda il seguente passo del *Deuteronomio*:

«Questo comando che oggi ti ordino non è troppo alto per te, né troppo lontano da te. Non è nel cielo, perché tu dica: Chi salirà per noi in cielo, per prendercelo e farcelo udire e lo possiamo eseguire? Non è di là dal mare, perché tu dica: Chi attraverserà per noi il mare per prendercelo e farcelo udire e lo possiamo eseguire? Anzi, questa parola è molto vicina a te, è nella tua bocca e nel tuo cuore, perché tu la metta in pratica» (*Deut* 30,11-14).

La risposta è che la natura umana è stata "indebolita" dal "peccato originale" che ha infranto il "giusto rapporto" tra la creatura umana e Dio Creatore. E con essa anche la coscienza del singolo che va aiutata a riprendersi quando si smarrisce. Non si tratta, però, di una distruzione totale della natura e della coscienza, ma di un suo indebolimento, di uno "scivolamento" (*natura lapsa*) che la può spingere fuori strada. Per questo va aiutata a rialzarsi, a raddrizzarsi, a riprendere la strada maestra.

---

375. Quali norme la coscienza deve sempre seguire? (1789)

Ce ne sono tre più generali: 1) non è mai consentito fare il male perché ne derivi un bene; 2) la cosiddetta Regola d'oro: «Tutto quanto volete che gli uomini facciano a voi, anche voi fatelo a loro» (Mt 7,12); 3) la carità passa sempre attraverso il rispetto del prossimo e della sua coscienza, anche se questo non significa accettare come un bene ciò che è oggettivamente un male.

I tre primcipi o regole generali alle quali la coscienza deve sempre attenersi per essere "retta" sono qui elencati in modo da essere facilmente memorizzati e tenuti presenti.

- *non è mai consentito fare il male perché ne derivi un bene* è spesso anche espresso con la formula *il fine non giustifica i mezzi*;

- *la cosiddetta Regola d'oro: «Tutto quanto volete che gli uomini facciano a voi, anche voi fatelo a loro» (Mt 7,12)* è insegnata direttamente da Cristo e riportata come tale nel Vangelo;

- *la carità passa sempre attraverso il rispetto del prossimo e della sua coscienza, anche se questo non significa accettare come un bene ciò che è oggettivamente un male.* Questo principio è quello del "rispetto della libertà altrui" che Dio Creatore, per primo, mette in atto, lasciando a ciascuna persona la libertà di scegliere di seguire o meno la Sua *Legge*.

Se Dio non impone a nessuno la scelta del bene, anche a noi è chiesto di fare altrettanto. Il bene e la verità vanno proposti, non imposti. Diversamente chi sceglie il bene non lo farebbe per amore, ma per forza.

---

376. La coscienza morale può emettere giudizi erronei? (1790-1794 1801-1802)

La persona deve sempre obbedire al giudizio certo della propria coscienza, ma può emettere anche giudizi erronei, per cause non sempre esenti da colpevolezza personale. Non è però imputabile alla persona il male compiuto per ignoranza involontaria, anche se esso resta oggettivamente un male. È quindi necessario adoperarsi per correggere la coscienza morale dai suoi errori.

Questo numero precisa il principio dell'*obbedire al giudizio certo della propria coscienza*, come regola morale imprescindibile. Chi lo fa, come si usa dire "agisce in buona fede", anche se quel giudizio può essere "oggettivamente" erroneo, non ostante le convinzioni "soggettive" del soggetto che lo sta seguendo.

Solo Dio e, in parte almeno anche l'interessato, sa se sta agendo davvero "in buona fede", mentre nessun altro può avere elementi sicuri per dirlo; al più si possono fare prudentemente delle ipotesi, più che delle accuse sulle condizioni "soggettive" di un'altra persona. Solo Dio conosce e giudica la singola coscienza di una persona. A noi tocca il giudizio "oggettivo" sull'atto in se stesso che può essere buono o cattivo in sé, al di là delle intenzioni "soggettive" di chi lo compie.

Il numero richiama, poi, il fatto che ciascuno ha il dovere di curare la formazione della propria coscienza, e il non farlo non è senza *colpevolezza personale*. Se ci può essere un'ignoranza non colpevole della Legge di Dio (la cosiddetta "ignoranza invincibile"), c'è anche un'"ignoranza colpevole", perché volontaria, in chi non vuole approfondire la verità per non dovere fare i conti con essa e cambiare vita.

LE VIRTÙ

377. **Che cos'è la virtù?** (1803,1833)

La virtù è una disposizione abituale e ferma a fare il bene. «Il fine di una vita virtuosa consiste nel divenire simile a Dio» (san Gregorio di Nissa). Vi sono virtù umane e virtù teologali.

La parola "virtù" ha troppo spesso subito, nel modo di sentire e di esprimersi comune, una sortA impoverimento peggiorativo del suo significato. Così da essere considerata, con indifferenza, espressione di perfezionismo moralistico buono per i "devoti" e facoltativo per i "normali". O peggio, per chi vuole sentirsi "bravo" davanti agli altri, e a Dio («Digiuno due volte la settimana e pago le decime di quanto possiedo», *Lc* 18,12).

Mentre, nel suo significato etimologico "virtù" (*virtus*) significa "forza, abilità, capacità" di ottenere un risultato e di controllare una situazione. Questo numero la definisce come *disposizione abituale e ferma a fare il bene*. Di conseguenza il "vizio", al contrario è una disposizione abituale a fare il male.

Ogni parola ha un peso da esplicitare.

(a) la prima parola è *disposizione*: questa significa "inclinazione" che può essere un "dono"

– di "natura" (si parla in questo caso di *virtù umane*)

– o più grande della natura: una pura e semplice "Grazia" che viene direttamente come un "dono", frutto della Redenzione (ricostruzione sovrabbondante della "giustizia originale") operata da Cristo (si parla in questo caso di *virtù teologali*).

– Le prime (le *virtù umane*)

= si possono acquisire ("virtù acquisite") con l'impegno della "volontà" personale che si allena a compiere "ripetutamente" singoli "atti buoni" (conformi ai Comandamenti), fino ad acquisire una "buona abitudine" ("abito", *habitus*) che tende ad orientare sempre più facilmente e quasi spontaneamente al bene. Questo "abito buono" è una "virtù" umana.

= e possono essere potenziate dalla "Grazia" che le perfeziona ulteriormente con un aiuto soprannaturale ("virtù infuse") e, in taluni casi, in misura addirittura "travolgente" con i corrispondenti "Doni dello Spirito Santo".

– Le seconde (le *virtù teologali*) sono un dono gratuito della "Grazia" divina e non si producono con uno sforzo della nostra volontà, che è chiamata ad accogliere tale Grazia, in piena libertà (perché un dono può essere accettato o respinto).

(b) la seconda parola è *abituale*: questa indica un "abito", e non semplicemente un singolo "atto", ma un modo acquisito, un'"attitudine" a compiere "atti buoni" di uno stesso tipo, frutto di allenamento, disciplina, regola nel caso delle virtù umane, e di un dono di Grazia, accolta, custodita e coltivata nel caso delle virtù teologali.

(c) la terza parola è *ferma*: questa indica la "stabilità" nel compiere il bene. La "virtù" non è frutto di un sentimento passeggero o di una moda, ma è il frutto di una "struttura antropologica" ricreata: quella dell'"uomo nuovo" in Cristo, che entra a far parte integrante della persona («l'uomo nuovo, creato secondo Dio nella giustizia e nella santità vera», *Ef* 4,24; «Quindi se uno è in Cristo, è una creatura nuova», *2 Cor* 5,17).

La formula di san Gregorio di Nissa (335-394), che viene citata, focalizza bene la nozione di "Grazia", come "forma di partecipazione alla vita stessa di Dio nella Trinità", che si fonda sulle parole stesse di Gesù («Rispose loro Gesù: "Non è forse scritto nella vostra Legge: Io ho detto: voi siete dèi?"», *Gv* 10,34) che cita il Salmo 82 («Io ho detto: "Voi siete dèi, siete tutti figli dell'Altissimo"», v. 6).

La creatura umana è chiamata ad essere Dio "per partecipazione" ("Grazia"), mentre Dio lo è "per natura". Il peccato originale ha sovvertito questa "giustizia" nel rapporto tra l'uomo e Dio, pretendendo di affermare che l'uomo possa essere Dio "per natura" al posto di Dio.

Della distinzione delle virtù in *umane* (o "naturali") e *teologali* si parlerà nei numeri successivi, entrando in dettaglio.

---

378. **Che cosa sono le virtù umane?** 1804 1810-1811 1834,1839)

Le virtù umane sono perfezioni abituali e stabili dell'intelligenza e della volontà, che regolano i nostri atti, ordinano le nostre passioni e indirizzano la nostra condotta in conformità alla ragione e alla fede. Acquisite e rafforzate per mezzo di atti moralmente buoni e ripetuti, sono purificate ed elevate dalla Grazia divina.

Dopo quanto detto commentando il numero precedente, si comprende bene ciò che dice questo numero a proposito delle *virtù umane* che sono fatte per "valorizzare" (*perfezionano* l'intelligenza e *la volontà* dell'essere umano).

Esse danno una "regola", che è quella prevista da Dio Creatore per il "buon funzionamento" della vita dell'uomo, come delle "istruzioni per l'uso" efficiente delle *nostre passioni* secondo la finalità per la quale ci sono state date: *indirizzano la nostra condotta in conformità alla ragione e alla fede*.

– Alla *ragione* in quanto acquisite con le nostre capacità "naturali"

– alla *fede* ad opera della "Grazia" con la quale Dio ci tende una mano per elevarci ad un livello ancora più vicino a Lui, di quanto non siamo in grado di fare da soli.

A partire dal prossimo numero si parlerà, per prima cosa, della classica distinzione tra *virtù cardinali* (alle quali sono riconducibili le *virtù umane*) e *virtù teologali*.

379. Quali sono le virtù umane principali? (1805 1834)

Sono le virtù denominate cardinali, che raggruppano tutte le altre e che costituiscono i cardini della vita virtuosa. Esse sono: prudenza, giustizia, fortezza e temperanza.

Si tratta di una classificazione che troviamo in san Tommaso e poi da tutti gli autori, frutto progressivo del paziente lavoro remoto degli antichi filosofi greci e poi dei medievali. Alle quattro *virtù cardinali* (così chiamate perché sono i cardini attorno ai quali ruotano tutte le altre) possono essere ricondotte tutte le *virtù umane*.

Esse sono: prudenza, giustizia, fortezza e temperanza. I prossimi numeri saranno dedicati ad esaminarne singolarmente la definizione.

380. Che cos'è la prudenza? (1806 1835)

La prudenza dispone la ragione a discernere, in ogni circostanza, il nostro vero bene e a scegliere i mezzi adeguati per attuarlo. Essa guida le altre virtù, indicando loro regola e misura.

In termini del nostro attuale modo di esprimerci, potremmo dire che la *prudenza* è la "capacità di giudizio" in ordine alle scelte da compiere («*recta ratio agibilum*», *Summa Theol.*, I-II, q. 56 a. 3 co). Come tale *Essa guida le altre virtù, indicando loro regola e misura.*

381. Che cos'è la giustizia? (1807 1836)

La giustizia consiste nella volontà costante e ferma di dare agli altri ciò che è loro dovuto. La giustizia verso Dio è chiamata «virtù della religione».

La giustizia viene definita tradizionalmente come la virtù che rende capaci di "dare a ciascuno il suo" («*Iustitia [...] suum cuique distribuit*», Cicerone, *De natura deorum*, III,15; «la volontà costante e perenne di dare a ciascuno il suo» [*iustitia est constans et perpetua voluntas ius suum unicuique tribuens*]», *Summa Theol.*, II-II, q. 58, a. 1pr), così come è previsto dalla *Legge naturale* (I Comandamenti), in modo tale che vi sia un ordine sociale vivibile per tutti.

La giustizia, perciò, riguarda prima di tutti il rapporto dell'uomo con Dio Creatore, al quale l'uomo è tenuto a dare "quanto è nelle sue possibilità" in segno di gratitudine per tutto ciò che riceve da Lui: esistenza, conservazione, intelligenza, libera volontà, ecc., mediante il culto pubblico e personale della religione (*Summa Theol.,* I-II, q. 56 a. 3co).

Ciò che l'uomo può restituire a Dio è ben piccola cosa rispetto a ciò che riceve da Lui, ma è tutto quanto gli è possibile: questa è la "giusta religione", come Gesù spiega nel Vangelo in riferimento all'offerta al Tempio della vedova povera che, «nella sua povertà, vi ha messo tutto quello che aveva» (*Mc* 12,44).

382. Che cos'è la fortezza? (1808 1837)

La fortezza assicura la fermezza nelle difficoltà e la costanza nella ricerca del bene, giungendo fino alla capacità dell'eventuale sacrificio della propria vita per una giusta causa.

San Tommaso, citando Cicerone, la definisce con queste parole: «La fortezza consiste in un deliberato esporsi a pericoli e disagi» per conseguire un bene (*fortitudo est considerata periculorum susceptio et laborum perpessio*)», *Summa Theol.*, II-II, q. 123, a. 2co).

L'esempio più elevato è il martirio che viene accettato per dare testimonianza della fede in Cristo unico Salvatore (*sacrificio della propria vita per una giusta causa*).

---

383. **Che cos'è la temperanza?** (1809 1838)

La temperanza modera l'attrattiva dei piaceri, assicura il dominio della volontà sugli istinti e rende capaci di equilibrio nell'uso dei beni creati.

Il numero è autoesplicativo. Oggi diremmo che la temperanza consiste nella capacità di "controllo razionale" di fronte all'istinto verso piaceri che si provano tramite i cinque sensi. San Tommaso sottolinea, in particolare quelli del tatto che, maggiormente ostacola la lucidità della ragione («i piaceri del tatto più di tutti gli altri ostacolano il lume della ragione (*delectationes tactus maxime inter cetera impediunt bonum rationis*», *Summa Theol.*, II-II, q. 123, a. 12co).

---

384. **Che cosa sono le virtù teologali?** (1812-1813 1840-1841)

Sono le virtù che hanno come origine, motivo e oggetto immediato Dio stesso. Infuse nell'uomo con la Grazia santificante, esse rendono capaci di vivere in relazione con la Trinità e fondano e animano l'agire morale del cristiano, vivificando le virtù umane. Sono il pegno della presenza e dell'azione dello Spirito Santo nelle facoltà dell'essere umano.

Questo numero ci dà subito, in apertura, una definizione di "virtù teologale" che permette di distinguerla con chiarezza dalle "virtù umane" o "naturali".

Mentre le virtù umane hanno come "origine, motivo e oggetto immediato" un comportamento umano, caratterizzando, quindi l'antropologia, le "virtù teologali" *hanno come origine, motivo e oggetto immediato Dio stesso.*

Ne viene di conseguenza il fatto che, mentre le "virtù umane" si possono raggiungere, con la "ripetizione" di atti buoni, che formano "buone abitudini" ("abiti"), al contrario, le "vitrù teologali" non si ottengono con lo sforzo della volontà, ma sono un "dono" ("Grazia") che viene direttamente da Dio (*hanno come origine [...] Dio stesso*). All'intelligenza e alla volontà umana è proposto di accettare liberamente questo "dono", che può anche essere rifiutato.

385. **Quali sono le virtù teologali?** (1813)

Le virtù teologali sono la fede, la speranza e la carità.

Questo numero è un semplice enunciato. Da quanto detto nel numero precedente, possiamo riconoscere facilmente il dato di fatto che

- la Fede non si ottiene sforzandosi di credere, ma per un dono di Grazia che dispone l'intelletto e la volontà a credere in Dio che si è rivelato;
- così la Speranza cristiana non si raggiunge sforzandosi, magari sognando o illudendosi di averla, ma è un dono di Grazia che dispone l'intelletto e la volontà ad avere il coraggio di affrontare il cammino impegnativo della vita cristiana;
- e la Carità cristiana non è il risultato di uno sforzo volontaristico, pur ammirevole, di aiutare il prossimo. Questo può essere una forma lodevole di volontariato su base umanitaria, ma non è carità cristiana, perché non è un amare qualcuno perché è voluto e amato da Dio, così come Cristo lo ama.

386. Che cos'è la fede? (1814-1816 1842)

La fede è la virtù teologale per la quale noi crediamo a Dio e a tutto ciò che Egli ci ha rivelato e che la Chiesa ci propone di credere, perché Dio è la stessa Verità. Con la fede l'uomo si abbandona a Dio liberamente. Perciò colui che crede cerca di conoscere e fare la volontà di Dio, perché «la fede opera per mezzo della carità» (Gal 5,6).

Questo numero dice sinteticamente che cosa si deve intendere per *Fede* con l'iniziale maiuscola, cioè la "Fede cristiana cattolica", virtù teologale. Avendo già parlato dell'*atto* e dell'*attitudine (abito)* del "credere", nei nn. 25-32 (*cfr. vol. I*), qui non viene riproposto quanto già detto che è bene andare a rivedere.

Ora si ribadisce che la Fede teologale è:

– Fede in Dio che si rivela attraverso l'Antico e il Nuovo Testamento, in Cristo "pienezza della Rivelazione" (*noi crediamo a Dio*) che, essendo Dio, gode della piena credibilità presso di noi, in quanto non ci può, né vuole ingannare in quanto «non può mettersi in contraddizione con se stesso» (*2Tim* 2,13), *perché Dio è la stessa Verità.*

– Fede nella Rivelazione che ci viene proposta attraverso la Chiesa (*che la Chiesa ci propone di credere*).

– Fede che è "teologale", perché è un dono della Grazia (con *la fede l'uomo si abbandona a Dio liberamente*), non semplicemente frutto della sola volontà umana.

– che si attua pienamente

= nella conoscenza della "dottrina" di Cristo (*colui che crede cerca di conoscere*)

= nella" pratica" della condotta di vita (*fare la volontà di Dio*) che, essendo sostenuta dalla Grazia, riceve piena "forma" nella Carità, *perché «la fede opera per mezzo della carità» (Gal 5,6).*

387. Che cos'è la speranza? (1817-1821 1843)

La speranza è la virtù teologale per la quale noi desideriamo e aspettiamo da Dio la vita eterna come nostra felicità, riponendo la nostra fiducia nelle promesse di Cristo e appoggiandoci all'aiuto della Grazia dello Spirito Santo per meritarla e perseverare sino alla fine della vita terrena.

La speranza, come virtù umana, è il coraggio di desiderare di poter raggiungere, realisticamente, un bene che si presenta come difficile, arduo, da ottenere: «La speranza è [il desiderio] di un bene arduo (*spes autem est boni ardui*)» (san Tommaso, *De virtutibus*, q. 4 a. 1co).

La Speranza, con l'iniziale maiuscola, virtù teologale, è il coraggio di desiderare di poter raggiungere, il bene più arduo possibile, la felicità nella vita eterna (*aspettiamo da Dio la vita eterna come nostra felicità*). Tale speranza non nasce dalle sole ragioni umane, ma viene suscitata e sostenuta nel credente in Cristo, dalla Sua Grazia. Per questo è una "virtù teologale".

388. Che cos'è la carità? (1822-1829 1844)

La carità è la virtù teologale per la quale amiamo Dio al di sopra di tutto e il nostro prossimo come noi stessi per amore di Dio. Gesù fa di essa il comandamento nuovo, la pienezza della Legge. Essa è «il vincolo della perfezione» (Col 3,14) e il fondamento delle altre virtù, che anima, ispira e ordina: senza di essa «io non sono nulla» e «niente mi giova» (1Cor 13,1-3).

Questo numero chiarisce che la Carità, con l'iniziale maiuscola, virtù teologale, non può essere identificata con una generica "umana solidarietà", o con la semplice "umana generosità", o con qualche forma di "amore umano", o di semplice "umano sentimento". Di tutto questo Gesù, nel Vangelo, dice che anche i non cristiani sono capaci («Non fanno così anche i pagani?», *Mt* 5,47).

Perché la Carità, virtù teologale, non è frutto del solo impegno e sforzo umano, ma è frutto della Grazia. Per questo è detta "virtù teologale".

Essa perfeziona tutte le altre virtù umane, "naturali", dando loro una "forma" che le rende "soprannaturali", cioè superiori a quello che le sole forze umane possono fare. In questo modo si deve dire che la Carità è *il fondamento delle altre virtù*.

---

389. Che cosa sono i doni dello Spirito Santo? (1830-1831 1845)

I doni dello Spirito Santo sono disposizioni permanenti che rendono l'uomo docile a seguire le ispirazioni divine. Essi sono sette: sapienza, intelletto, consiglio, fortezza, scienza, pietà e timore di Dio.

In questo numero si elencano i doni dello Spirito Santo definendoli, in generale, come *disposizioni permanenti che rendono l'uomo docile a seguire le ispirazioni divine*.

I Padri della Chiesa e san Tommaso si domandarono che differenza c'è tra le "virtù infuse", nelle quali interviene la Grazia a potenziare le capacità umane naturali, e i "Doni" nei quali è lo Spirito Santo Colui che agisce a muovere l'animo umano. Apparentemente sembrerebbero indistinguibili, ma non lo sono.

Infatti, anche sul piano umano, un "dono" non è altro che un "regalo", che arriva anche se chi lo riceve non se lo aspetta. Al ricevente resta la possibilità di accettarlo e di servirsene. La virtù, per quanto potenziata da un agente esterno, è invece almeno in parte frutto di una predisposizione dovuta ad un allenamento da parte del soggetto umano.

– Nelle virtù infuse la Grazia perfeziona una disposizione ("abito") che si trova già nell'anima, come frutto di un allenamento realizzato dalla "volontà" del soggetto umano che ad esse si è esercitato;

– mentre i Doni sono prodotti interamente da Dio, senza il contributo dell'allenamento della volontà dell'uomo.

Il paragone del procedere di una barca è di aiuto a capire. Il movimento prodotto dai rematori può rappresentare la disposizione della "virtù umana", ed è tanto più efficace quanto più i rematori sono allenati. Questo movimento prodotto dai rematori può essere potenziato dalla Grazia che agisce come una corrente che muove l'acqua nella quale si naviga, in senso favorevole al moto. I Doni, invece, sono come il vento che spinge le vele di una barca anche senza lo sforzo dei rematori, e va solo accolto dal marinaio esperto, orientando opportunamente le vele.

«E queste perfezioni sono chiamate doni: non solo perché vengono infusi da Dio, ma anche perché da essi l'uomo viene disposto ad assecondare con prontezza le ispirazioni divine, secondo l'espressione di Isaia [50, 5]: «Il Signore mi ha aperto l'orecchio e io non ho opposto resistenza, non mi sono tirato indietro» [*Summa Theol.*, I-II, q. 68, a. 1co].

I Doni sono come dei "carismi", ma mentre questi ultimi sono dati per il bene della comunità, i Doni dello Spirito Santo – in quanto effetto del Sacramento della Cresima o Confermazione – sono dati, principalmente, per la santificazione di chi li riceve e secondariamente per la comunità, in quanto beneficia della presenza di un suo membro così arricchito.

Possiamo trovare una descrizione dettagliata di ogni singolo dono in Giovanni Paolo II che ha dedicato ad essi le brevi meditazioni dei *Regina Coeli e successivi Angelus* del 1989.

1. «Il primo e più alto di tali doni è la *Sapienza,* la quale è una luce che si riceve dall'Alto: è una speciale partecipazione a quella conoscenza misteriosa e somma, che è propria di Dio. Leggiamo, infatti, nella Sacra Scrittura: "Pregai e mi fu elargita la prudenza; implorai e venne in me lo spirito della sapienza. La preferii a scettri e a troni, stimai

un nulla la ricchezza al suo confronto" (*Sap* 7,7-8). Questa superiore sapienza è la radice di una conoscenza nuova, una conoscenza permeata di carità, grazie alla quale l'anima acquista, per così dire, dimestichezza con le cose divine e ne prova gusto» [9 aprile].

2. «Mediante questo Dono [l'*Intelletto*] lo Spirito Santo, che scruta la profondità di Dio (*1 Cor* 2,10), comunica al credente una scintilla di una tale capacità penetrativa, aprendogli il cuore alla gioiosa percezione del disegno amoroso di Dio. Si rinnova allora l'esperienza dei discepoli di *Emmaus,* i quali, dopo aver riconosciuto il Risorto nella frazione del pane, si dicevano l'un l'altro: "Non ci ardeva forse il cuore nel petto, mentre conversava con noi lungo il cammino, quando ci spiegava le Scritture?" (*Lc* 24,32). [...]

   La luce dello Spirito, infatti, mentre acuisce l'intelligenza delle cose divine, rende anche più limpido e penetrante lo sguardo sulle cose umane. Grazie ad essa si vedono meglio i numerosi segni di Dio che sono inscritti nel creato. Si scopre così la dimensione non puramente terrena degli avvenimenti, di cui è intessuta la storia umana. E si può giungere perfino a decifrare profeticamente il tempo presente e quello avvenire: segni dei tempi, segni di Dio!» [16 aprile]

3. «lo Spirito Santo soccorre l'uomo col Dono della *Scienza.* È questa che lo aiuta a valutare rettamente le cose nella loro essenziale dipendenza dal Creatore. Grazie ad essa – come scrive san Tommaso – l'uomo non stima le creature più di quello che valgono e non pone in esse, ma in Dio, il fine della propria vita (*cfr., Summa Theol,* II-II, q. 9, a. 4). Egli riesce così a scoprire il senso teologico del creato, vedendo le cose come manifestazioni

vere e reali, anche se limitate, della verità, della bellezza, dell'amore infinito che è Dio, e di conseguenza si sente spinto a tradurre questa scoperta in lode, in canto, in preghiera, in ringraziamento» [23 aprile].

4. «Il Dono del *Consiglio*. Esso è dato al cristiano per illuminare la coscienza nelle scelte morali, che la vita di ogni giorno gli impone. [...]
   Il Dono del *Consiglio* agisce come un soffio nuovo nella coscienza, suggerendole ciò che è lecito, ciò che s'addice, ciò che più conviene all'anima (*cfr.*, S. Bonaventurae, *Collationes de septem donis Spiritus Sancti*, VII, 5). La coscienza diventa allora come l'"occhio sano", di cui parla il Vangelo (*Mt* 6,22), ed acquista una sorta di nuova pupilla, grazie alla quale le è possibile vedere meglio che cosa fare in una determinata circostanza, fosse anche la più intricata e difficile. Aiutato da questo Dono, il cristiano penetra nel vero senso dei valori evangelici, in particolare di quelli espressi nel discorso della montagna (*cfr.*, *Mt* 5-7)» [7 maggio].

5. «Forse mai come oggi la virtù morale della fortezza ha bisogno di essere sostenuta dall'omonimo Dono dello Spirito Santo. Il Dono della *Fortezza* è un impulso soprannaturale, che dà vigore all'anima non solo in momenti drammatici come quello del martirio, ma anche nelle abituali condizioni di difficoltà: nella lotta per rimanere coerenti con i propri principi; nella sopportazione di offese e di attacchi ingiusti; nella perseveranza coraggiosa, pur fra incomprensioni ed ostilità, sulla strada della verità e dell'onestà» [14 maggio].

6. «Col Dono della *Pietà* lo Spirito infonde nel credente una nuova capacità di amore verso i fratelli, rendendo il suo cuore in qualche modo partecipe

della mitezza stessa del Cuore di Cristo. [...]
Il dono della pietà, inoltre, estingue nel cuore quei focolai di tensione e di divisione che sono l'amarezza, la collera, l'impazienza, e vi alimenta sentimenti di comprensione, di tolleranza, di perdono. Tale dono è, dunque, alla radice di quella nuova comunità umana, che si basa sulla civiltà dell'amore» [28 maggio].

7. Il «Dono del *Timore di Dio*. Esso non esclude, certo, la trepidazione che scaturisce dalla consapevolezza delle colpe commesse e dalla prospettiva dei divini castighi, la addolcisce con la fede nella misericordia divina e con la certezza della sollecitudine paterna di Dio che vuole l'eterna salvezza di ciascuno. Con questo Dono, tuttavia, lo Spirito Santo infonde nell'anima soprattutto il timore filiale, che è sentimento radicato nell'amore verso Dio: l'anima si preoccupa allora di non recare dispiacere a Dio, amato come Padre, di non offenderlo in nulla, di "rimanere" e di crescere nella carità (*cfr., Gv* 15,4-7).

Da questo santo e giusto timore, coniugato nell'anima con l'amore di Dio, dipende tutta la pratica delle virtù cristiane, e specialmente dell'umiltà, della temperanza, della castità, della mortificazione dei sensi» [11 giugno].

---

390. Che cosa sono i frutti dello Spirito Santo? (1832)

I frutti dello Spirito Santo sono perfezioni plasmate in noi come primizie della gloria eterna. La tradizione della Chiesa ne enumera dodici: «Amore, gioia, pace, pazienza, longanimità, bontà, benevolenza, mitezza, fedeltà, modestia, continenza, castità» (Gal 5,22-23 volg.).

Questo numero è autoesplicativo. Esso elenca gli effetti benefici che si ricevono grazie all'azione cello Spirito Santo in un'anima in Grazia, ben disposta ad accogliere i Doni. L'elenco di questi frutti, consolidatosi nella Tradizione della Chiesa, ha il suo fondamento scritturistico nell'elenco che l'Apostolo Paolo propone nella sua lettera ai Galati, qui riportato secondo il testo della *Vulgata* di san Girolamo. La traduzione critica che oggi usiamo è la seguente.

«Il frutto dello Spirito invece è amore, gioia, pace, pazienza, benevolenza, bontà, fedeltà, mitezza, dominio di sé» (*Gal* 5,22).

IL PECCATO

391. Che cosa comporta per noi l'accoglienza della misericordia di Dio? (1846-1848 1870)

Essa comporta che riconosciamo le nostre colpe, pentendoci dei nostri peccati. Dio stesso con la sua Parola e il suo Spirito svela i nostri peccati, ci dona la verità della coscienza e la speranza del perdono.

Senza tutto quanto è stato detto e illustrato nei numeri precedenti, ai nostri giorni, il termine *peccato* sarebbe incomprensibile nella cultura del mondo di oggi. Mentre

- essendo partiti dal rilevare il dato sperimentato da tutti – credenti e non credenti – della "perdita di vivibilità" del mondo di oggi, nelle sue dimensioni
    = private (vita personale della singola persona, contesto domestico/familiare, rapporti interpersonali)
    = e pubbliche (vista sociale, lavoro, aspetti culturali, attività politica)
- ed interrogandosi sulle cause remote – e non solo su quelle immediate – di questa crisi

si può arrivare a comprendere che la causa prima di tutto sta nella perdita del "giusto rapporto"

- con se stessi
- con gli altri
- con le cose che ci circondano
- e all'origine nel "rapporto con Dio Creatore".

Alla base dell'antropologia dell'invivibilità sta un'errata concezione di se stessi e della realtà, che esclude Dio Creatore e le conseguenti "leggi naturali" che regolano il buon funzionamento dell'essere umano e delle cose. Sappiamo che la "legge naturale" che regola la "vivibilità" per l'uomo è stata anche rivelata da Dio nei *Dieci Comandamenti*.

Diviene allora comprensibile la nozione di "peccato", come atto volontario e libero con il quale l'uomo/umanità ha infranto la "giustizia originale" nel rapporto con Dio Creatore, e quindi con se stesso, con gli altri e con la natura, non più riconosciuta come "creazione". Quando qui si dice che *l'accoglienza della misericordia di Dio [...] comporta che riconosciamo le nostre colpe, pentendoci dei nostri peccati*, ci si riferisce a questa "posizione culturale e umana".

Al di fuori di questa concezione realistica di se stessi e del mondo, il cristianesimo risulta "non comprensibile" e addirittura "non pensabile" e tutto si riduce ad una sorta di "moralismo facoltativo" al punto da apparire "inutile" se non "dannoso" per il progresso del mondo. La constatazione dell'emergere della "invivibilità" di un mondo che nega il "giusto rapporto" con Dio Creatore è la buccia di banana sulla quale scivola fino a cadere rovinosamente tutto il mondo moderno e contemporaneo. La questione del peccato svela così tutto il suo peso antropologico e culturale, oltre che strettamente religioso.

La "morale", impostata su questo fondamento "antropologico" e ultimamente "metafisico" acquista tutto il suo rilievo, liberandosi dal moralismo del dovere per il dovere. Ciò che è comandato è comandato perché benefico per chi lo esegue (*praeceptum quia bonum*), piuttosto che essere buono per il solo fatto di essere comandato (*bonum quia praeceptum*).

392. Che cos'è il peccato? (1849-1851 1871-1872)

Il peccato è «una parola, un atto o un desiderio contrari alla Legge eterna» (sant'Agostino). È un'offesa a Dio, nella disobbedienza al suo amore. Esso ferisce la natura dell'uomo e attenta alla solidarietà umana. Cristo nella sua Passione svela pienamente la gravità del peccato e lo vince con la sua misericordia.

Risulta chiara, allora, la definizione agostiniana di peccato che viene richiamata in questo numero: *Il peccato è «una parola, un atto o un desiderio contrari alla Legge eterna».* La *Legge eterna* non è un'impostura convenzionale stabilita arbitrariamente da un "dio tiranno", ma è la legge che governa il "buon funzionamento" della vita degli uomini, come le leggi della fisica governano il funzionamento del mondo materiale. A differenza di quest'ultimo, nel comportamento degli esseri umani, entra in gioco la loro libertà individuale, perché, essendo razionali, sono dotati di intelligenza per conoscere e di libera volontà per decidere dei loro atti.

393. Esiste una varietà dei peccati? (1852-1853 1873)

La varietà dei peccati è grande. Essi possono essere distinti secondo il loro oggetto o secondo le virtù o i comandamenti ai quali si oppongono.

Possono riguardare direttamente Dio, il prossimo o noi stessi. Si possono inoltre distinguere in peccati di pensiero, di parola, di azione e di omissione.

Questo numero, molto sinteticamente, afferma che

- non esiste un solo generico peccato contro la carità, consistente in una "opzione fondamentale" (come viene denominata da alcune correnti teologiche non accettabili) contro Dio;
- ma possono esserci tanti peccati quanti sono gli "atti singoli" della libera volontà di ogni soggetto umano che li commette. Questi si identificano in base

  = al *loro oggetto*;

  = alla *virtù* alla quale si oppongono;

  = ai singoli *Comandamenti* che trasgrediscono.

Tale distinzione specifica il modo concreto secondo il quale l'azione di un soggetto umano infrange la "giustizia originale", ovvero interrompe il "giusto modo del rapporto" con Dio Creatore, e quindi con Cristo Redentore e con la Chiesa.

- In particolare l'*oggetto* è ciò (l'ente creato, il "fine prossimo") che viene scelto volontariamente come fosse un bene al posto del vero bene, così da non considerarlo come Dio ci chiede di considerarlo, o addirittura sostituendolo a Dio (idolatria) come fosse lo scopo della propria vita ("fine ultimo"). Questo può essere il piacere fisico, il denaro (peccati carnali o materiali), ma anche la vanagloria, l'orgoglio, il potere, il dominio psicologico/affettivo dell'altro, l'invidia, l'ira (peccati spirituali).
- La *virtù* è l'abitudine ("abito") a compiere atti buoni, cioè secondo il fine e i mezzi previsti da Dio Creatore.
- I *Comandamenti* sono quelli del *Decalogo,* rivelati da Dio a Mosè e iscritti nella coscienza di ogni essere umano, per natura (legge naturale).

394. Come si distingue il peccato, quanto alla gravità? (1854)

Si distingue in peccato mortale e veniale.

Si tratta della distinzione tradizionale che risale al Nuovo Testamento ed è stata mantenuta perennemente nella dottrina della Chiesa, in quanto fa parte della Rivelazione, che si è conclusa con la morte dell'ultimo degli Apostoli. Qui tale distinzione viene semplicemente enunciata.

«C'è infatti un peccato che conduce alla morte [...] ma c'è il peccato che non conduce alla morte» (*1Gv* 5.16-17).

Il primo genere di peccato è detto *mortale*; il secondo genere di peccato è detto *veniale*. I prossimi due numeri li esaminano sinteticamente. Il *Catechismo* nella sua versione ampia, a questo punto, precisa che:

«Il peccato mortale distrugge la carità [facendo perdere lo stato di "Grazia"] nel cuore dell'uomo a causa di una violazione grave della Legge di Dio; distoglie l'uomo da Dio, che è il suo fine ultimo e la sua beatitudine, preferendo a Lui un bene inferiore. Il peccato veniale lascia sussistere la carità, quantunque la offenda e la ferisca» (*CCC* n. 1855).

E aggiunge una citazione di san Tommaso.

«Quando la volontà si orienta verso una cosa di per sé contraria alla carità, dalla quale siamo ordinati al fine ultimo, il peccato, per il suo stesso oggetto, ha di che essere mortale [...] tanto se è contro l'amore di Dio, come la bestemmia, lo spergiuro, ecc., quanto se è contro l'amore del prossimo, come l'omicidio, l'adulterio, ecc. [...] Invece, quando la volontà del peccatore si volge a una cosa che ha in sé un disordine, ma tuttavia non va contro l'amore di Dio e del prossimo – è il caso di parole oziose, di riso inopportuno, ecc. – tali peccati sono veniali» (*Summa Theol.*, I-II, q. 88, a. 2co).

395. Quando si commette il peccato mortale? (1855-1861 1874)

Si commette il peccato mortale quando ci sono nel contempo materia grave, piena consapevolezza e deliberato consenso. Questo peccato distrugge in noi la carità, ci priva della Grazia santificante, ci conduce alla morte eterna dell'inferno se non ci si pente. Viene perdonato in via ordinaria mediante i Sacramenti del Battesimo e della Penitenza o Riconciliazione.

Questo numero chiarisce che cosa si deve intendere per *peccato mortale* precisando le tre condizioni che rendono mortale il peccato. Queste sono:

1. La *materia grave*.
2. La *piena consapevolezza* o *piena avvertenza,* secondo la dizione classica.
3. Il *deliberato consenso*.

La *materia grave* si ha quando l'"atto" compiuto in "pensieri", "parole", "opere" o "omissioni" – come si recita nell'"atto penitenziale" (*Confiteor*) all'inizio della santa Messa – riguarda una trasgressione di uno dei *Dieci Comandamenti* o di una legge della Chiesa in merito ad un "oggetto" e/o secondo una "modalità" (*materia*) che la Chiesa ha sempre giudicato come *grave,* in quanto esplicitamente contraria alla "giustizia originale" («Da principio non fu così», *Mt* 19,8).

A proposito della gravità della materia è utile riportare quanto dice il *Catechismo* nella sua edizione completa al n. 1858.

«La materia grave è precisata dai *Dieci Comandamenti,* secondo la risposta di Gesù al giovane ricco: "Non uccidere, non commettere adulterio, non rubare, non dire falsa testimonianza, non frodare, onora il padre e la madre" (*Mc* 10,19). La gravità dei peccati è più o meno grande: un omicidio è più grave di un furto [perché una persona vale più di una cosa]. Si deve tenere conto anche della qualità delle persone lese: la violenza esercitata contro i genitori è di per sé più grave di quella fatta ad un estraneo».

Sulla gravità della materia occorre fare appello:

- alla "Legge Naturale" (rivelata anche nei *Dieci Comandamenti*);
- alla Tradizione della Chiesa;
- al Magistero, soprattutto di fronte a problemi "nuovi" che emergono anche in conseguenza del progresso scientifico e tecnologico.

La *piena consapevolezza* o *piena avvertenza,* si ha quando il "soggetto" che compie l'atto è pienamente consapevole della gravità di ciò che sta facendo. Questa seconda circostanza, oggi, sembra realizzarsi molto difficilmente, data la sistematica opera di demolizione delle coscienze. In questo caso la responsabilità viene a ricadere, in gran parte, anche su coloro che non insegnano più la distinzione tra il bene e il male.

«Se io dico al malvagio: "Tu morirai!" e tu non lo avverti e non parli perché il malvagio desista dalla sua condotta perversa e viva, egli, il malvagio, morirà per la sua iniquità, ma della sua morte io domanderò conto a te. Ma se tu ammonisci il malvagio ed egli non si allontana dalla sua malvagità e dalla sua perversa condotta, egli morirà per il suo peccato, ma tu ti sarai salvato» (*Ez* 3,18-19).

Tuttavia un residuo di consapevolezza rimane nella coscienza e questo lascia un margine al senso di responsabilità di ciò che si compie. Non mancano atti di esplicito disprezzo di Dio, della religione, della sacralità dei luoghi di culto.

Il *deliberato consenso* è la "piena libertà" di chi compie l'atto.

Si può dire che per compiere un peccato mortale bisogna proprio volerlo! Tuttavia è saggio "mettersi dalla parte del sicuro" e confessare "ogni singola trasgressione" che, almeno per la parte della *materia*, la Chiesa ha sempre insegnato essere grave. Questo modo di regolarsi ha anche un ruolo educativo per la coscienza di ciascuno.

Questo numero aggiunge una cosa molto importante. Ed è il fatto che, avendo Cristo "riparato" l'accesso alla "giustizia originale" per ogni essere umano (Grazia), e stabilito che in "via ordinaria" tale "riparazione" avviene mediante i Sacramenti, ecco che anche il peccato "mortale", così chiamato perché ci *priva della Grazia santificante, ci conduce alla morte eterna dell'Inferno* – morte perché l'Inferno è la "privazione della visione di Dio" che è la "Vita" («Io Sono la Via, la Verità e la Vita», *Gv* 14,5). I Sacramenti che ridanno accesso alla Grazia della "giustizia originale" sono il *Battesimo* che si riceve una sola volta all'inizio della vita cristiana; la *Penitenza* che si riceve dopo il Battesimo, almeno ogni volta che si è commesso un peccato grave, ma possibilmente con frequenza, per ricevere comunque l'aumento della Grazia (e per "mettersi dal lato del sicuro").

---

396. **Quando si commette il peccato veniale?** (1862-1864 1875)

Il peccato veniale, che si differenzia essenzialmente dal peccato mortale, si commette quando si ha materia leggera, oppure anche grave, ma senza piena consapevolezza o totale consenso. Esso non rompe l'alleanza con Dio, ma indebolisce la carità; manifesta un affetto disordinato per i beni creati; ostacola i progressi dell'anima nell'esercizio delle virtù e nella pratica del bene morale; merita pene purificatorie temporali.

Questo numero spiega la nozione di *peccato veniale* che differisce da quella di peccato mortale per il fatto di venir meno della coesistenza delle tre condizioni che rendono mortale l'atto di rottura della giustizia con Dio che sono la "materia grave" – per cui il peccato è da considerarsi veniale quando riguarda una *materia leggera* – oppure quando non c'è piena consapevolezza della gravità dell'atto – venendo così meno la condizione della "piena avvertenza"; o ancora quando manca il "deliberato consenso", per mancanza della piena libertà nell'agire.

Viene anche precisato che il peccato veniale *non rompe l'alleanza con Dio, ma indebolisce la carità*: così che si rimane in stato di Grazia, ma in modo più debole e fragile. Come accade in un rapporto di amicizia che, pur non rompendosi, si raffredda nei confronti dell'amico.

Va precisato che ogni battezzato è tenuto a formarsi una "retta coscienza" e un'adeguata conoscenza della dottrina cattolica, facendosi istruire, così da non incorrere in una qualche forma di "ignoranza colpevole" in quanto volontaria. Non è moralmente ammissibile il volere deliberatamente ignorare la dottrina di Cristo e l'insegnamento perenne della Chiesa, nella erronea presunzione di poterne fare a meno, rischiando di perdere l'accesso alla Salvezza.

397. Come prolifera in noi il peccato? (1865,1876)

Il peccato trascina al peccato, e la sua ripetizione genera il vizio.

Questo breve numero autoesplicativo introduce quello successivo che chiarisce la nozione di "vizio" che va messa in rapporto a quella di "atto".

398. Che cosa sono i vizi? (1866-1867)

I vizi, essendo il contrario delle virtù, sono abitudini perverse che ottenebrano la coscienza e inclinano al male. I vizi possono essere collegati ai sette peccati cosiddetti capitali, che sono: superbia, avarizia, invidia, ira, lussuria, golosità, pigrizia o accidia.

Questo numero introduce il concetto di *vizi* come *contrario delle virtù*. Per non fare confusione è utile chiarire il significato di tutti i termini che abbiamo incontrato finora nell'ambito della morale. Eccoli:

- *Atti umani*. Sono le "singole" azioni compiute liberamente da un soggetto umano consapevole e responsabile.
- *Abiti* (abitudini) sono azioni ("atti") "ripetute abitualmente" per acquisizione ottenuta con l'esercizio.
  - = Se gli atti ripetuti sono "buoni" tali abiti prendono il nome di "virtù";
  - = Se gli atti ripetuti sono "non buoni (cattivi)" tali abiti prendono il nome di "vizi".

Un atto "non buono" si chiama "peccato" (che può essere "mortale" o "veniale" e questo determina di conseguenza anche la gravità del vizio)

Le "virtù", poi, si dicono:

- "acquisite" quando sono frutto dell'"esercizio", che fa leva sulla libera volontà del soggetto, nel compiere "atti buoni";
- "infuse" quando sono frutto gratuito della "Grazia", che viene direttamente e solo da Dio, non potendo essere prodotta da noi, neppure con l'esercizio volontario. Questa può essere "domandata" a Dio con la preghiera e "accolta" liberamente dalla volontà, senza opporvi resistenza.

---

399. Esiste una nostra responsabilità nei peccati commessi da altri? (1868)

Esiste questa responsabilità, quando vi cooperiamo colpevolmente.

Questo numero è autoesplicativo e parla della complicità nell'aiutare un'altra persona a compiere il male. Gli esempi più clamorosi sono la collaborazione all'aborto e la copertura mediante falsa testimonianza di un reato conosciuto con prove.

400. **Che cosa sono le strutture di peccato?** (1869)

Sono situazioni sociali o istituzioni contrarie alla legge divina, espressione ed effetto di peccati personali.

Il male non trae la sua origine diretta dalle strutture, come vorrebbe la concezione marxista della società, ma nasce sempre dal cuore dell'uomo. Le strutture, come le leggi che permettono atti contro la vita nascente o nel suo ultimo periodo sono prodotte dagli esseri umani che le promulgano, in nome di una concezione dell'esistenza che nega la *Legge naturale*, i *Comandamenti* come regole connaturate con l'essere umano per il suo bene-essere. Gesù la ha detto espressamente.

> «Infatti dall'intimo, dal cuore dell'uomo escono i pensieri cattivi che portano al male: le fornicazioni [i peccati sessuali], i furti, gli assassinii, i tradimenti tra marito e moglie, la voglia di avere le cose degli altri, le malizie, gli imbrogli, le oscenità, l'invidia, la maldicenza, la superbia, la stoltezza...» (*Mc* 7,21-22).

Il numeri che vanno dal n. 391 fino a quest'ultimo n. 400, riguardano la nozione di "peccato" e di "vizio" nella loro accezione generica, comune a tutti i peccati e vizi (peccato e vizio *in genere* secondo la dizione latina).

Ciò sembra essere insufficiente per esaurire l'argomento. Infatti più avanti si dovrà parlare dei *Comandamenti* e dei peccati e vizi che li trasgrediscono singolarmente (peccati e vizi *in specie*). A questo sono dedicati con ampiezza i numeri dal 442 al 531.

Capitolo secondo
La comunità umana – la persona e la società

401. In che cosa consiste la dimensione sociale dell'uomo? (1877-1880 1890-1891)

Insieme alla chiamata personale alla beatitudine, l'uomo ha la dimensione sociale come componente essenziale della sua natura e della sua vocazione. Infatti: tutti gli uomini sono chiamati al medesimo fine, Dio stesso; esiste una certa somiglianza tra la comunione delle Persone divine e la fraternità che gli uomini devono instaurare tra loro nella verità e nella carità; l'amore del prossimo è inseparabile dall'amore per Dio.

A partire da questo numero si parla dei fondamenti dottrinali di quella che viene detta la *dottrina sociale della Chiesa*. Oltre ai riferimenti che troviamo nel *Catechismo* alla dottrina sociale è stato dedicato, un intero testo, molto più ampio, quale è il *Compendio della Dottrina Sociale della Chiesa*.

La natura sociale dell'uomo, che tende per se stesso a costituire un primo rapporto stabile con la famiglia, poi con le comunità, i villaggi, le città, le nazioni, è riscontrabile fino dalla sua comparsa sulla terra.

Questa natura sociale, che si riscontra normalmente anche negli animali,

– nell'uomo è dovuta al fatto che *tutti gli uomini sono chiamati al medesimo fine, Dio stesso*

– ma soprattutto al fatto che l'immagine e somiglianza della creatura umana («E Dio disse: "Facciamo l'uomo a nostra immagine, a nostra somiglianza"», *Gen* 1,26) con Dio è una *certa somiglianza tra la comunione delle Persone divine*. Dio stesso è "sociale" nella Sua essenza e vita "interna". Questo ce lo dice la Rivelazione, in aggiunta a quanto è comprensibile con la sola ragione.

402. Qual è il rapporto tra la persona e la società? (1881-1882 1892-1893)

Principio, soggetto e fine di tutte le istituzioni sociali è e deve essere la persona. Alcune società, quali la famiglia e la comunità civica, sono ad essa necessarie. Sono utili anche altre associazioni, tanto all'interno delle comunità politiche quanto sul piano internazionale, nel rispetto del principio di sussidiarietà.

Con il paziente lavoro di educazione che parte dall'*Antico Testamento* e culmina in Cristo, *pienezza della Rivelazione,* è stato formato nelle culture dei popoli, via via convertitisi al cristianesimo, il concetto di "persona" individua, dotata in se stessa, di esistenza e dignità, davanti a Dio, a sé e agli altri esseri. Se nell'*Antico Testamento* era ancora il "Popolo" di Israele ciò che veniva ritenuto contare, prima di tutto, e il singolo era in funzione del popolo, ora è la singola persona la destinataria della Salvezza, dell'Amore di Dio, dell'Eternità.

– *Primo livello.* Per questo qui si dichiara, fin dall'inizio del numero che *principio, soggetto e fine di tutte le istituzioni sociali è e deve essere la persona.*

– *Secondo livello.* Poi si fa riferimento a quelle "prime società" che formano quasi un tutt'uno con la "persona", perché ad essa *necessarie* "per natura", per consentire alla persona di venire al mondo, formarsi educativamente, proteggersi e sostenersi. Queste sono *la famiglia e la comunità civica.*

– *Terzo livello.* Ad un gradino si collocano altre forme di *associazione* o di "aggregazione" che sorgono per esigenze sia "naturali" che per motivazioni "convenzionali". A questo livello si collocano le organizzazioni politiche *nazionali* e *internazionali.* Ma anche le spontanee forme di "aggregazione" che sorgono nella "società civile", per sopperire a bisogni concreti, per ragioni umane di solidarietà, per più profondi motivi cristiani di carità che operano a partire da Cristo e per Cristo, e non appena da motivazioni di umana generosità.

Alla fine del numero si affaccia la formula *principio di sussidiarietà.* Se ne parlerà nel prossimo numero.

---

403. **Che cosa indica il principio di sussidiarietà?** (1883-1885 1894)

Tale principio indica che una società di ordine superiore non deve assumere il compito spettante a una società di ordine inferiore, privandola delle sue competenze, ma deve piuttosto sostenerla in caso di necessità.

Questo è il principio più disatteso nelle nostre società contemporanee. In quanto chi detiene il "potere" nelle *società di ordine superiore,* se non ha *Dio* e la *Legge Naturale* come criterio di riferimento culturale comune con chi opera in una *società di ordine inferiore,* finisce, prima o poi, per erigere se stesso a criterio assoluto di riferimento. E giunge fino a rifiutare l'esistenza di altri soggetti che non riconosce come "benefici" a se stesso, anche quando sono benefici per il "bene comune" della società intera.

In particolare, in questi nostri tempi, vi sono due forme estreme di opposizione al *principio di sussidiarietà.*

(a) Lo "statalismo" che impone la "delega allo Stato" di ogni forma di risposta a "tutti" i bisogni del singolo, non ammettendo forme di risposta al bisogno, che nascano "dal basso" per libera iniziativa o aggregazione dei singoli. Chi sostiene questa posizione estrema, di origine hobbesiana e hegelomarxista, si riempie la bocca con parole come "istituzioni", "legalità", ecc. E quando parla di "sussidiarietà" la esercita selettivamente solo a beneficio di *società di ordine inferiore* di facciata, ma che sostengono la sua stessa ideologia.

(b) La "dittatura del relativismo" che, in nome della libertà assoluta, della democrazia senza regole, finisce inevitabilmente in un'anarchia che paralizza la società rendendola ingovernabile. Allora ogni forma di "aggregazione del basso" viene vista come sospetta, pericolosa, sovversiva e quindi da ostacolare ed eliminare.

Queste due forme estreme, ormai coesistono e collaborano sostenendosi contro tutto ciò che è "secondo natura", per contribuire a contrastare tutto ciò che è "cristiano". Ma in realtà finiscono per distruggere la vivibilità e l'esistenza della società stessa, finendo per autodistruggersi.

---

404. Che cos'altro richiede un'autentica convivenza umana? (1886-1889 1895-1896)

Richiede di rispettare la giustizia e la giusta gerarchia dei valori, come pure di subordinare le dimensioni materiali e istintive a quelle interiori e spirituali. In particolare, là dove il peccato perverte il clima sociale, occorre far appello alla conversione dei cuori e alla Grazia di Dio, per ottenere cambiamenti sociali che siano realmente al servizio di ogni persona e di tutta la persona. La carità, che esige e rende capaci della pratica della giustizia, è il più grande comandamento sociale.

Questo numero indica, in "ordine crescente", i "criteri" e i conseguenti "comportamenti" necessari per rendere la società degli uomini pienamente vivibile e degna del nome di "convivenza sociale", di "convivenza civile".

Alcuni di questi sono "criteri di buon senso", ai quali si può arrivare con il semplice uso della "ragione". Altri sono dettati dalla Rivelazione e richiedono la "Fede", o almeno una non pregiudiziale opposizione, se non una vera e propria ammirazione per una visione cristiana della realtà (è quello che chiamiamo anche "cristianesimo culturale").

Questi criteri sono, secondo la sequenza indicata in questo numero:

– *rispettare la giustizia*
   (a questo primo livello si può arrivare con una ragione non ideologizzata che nega per principio la *Legge Naturale*);
– *la giusta gerarchia dei valori*
   (e anche a questo secondo livello si può arrivare con la "ragione");
– *subordinare le dimensioni materiali e istintive a quelle interiori e spirituali*
   (a questo livello si arriva se si va oltre una visione solamente "materialista" e "immanentista" della realtà, riconoscendo Dio come "trascendente");
– *dove il peccato perverte il clima sociale, occorre far appello*
      = *alla conversione dei cuori*
      = *e alla Grazia di Dio,*
   per ottenere cambiamenti sociali che siano realmente al servizio di ogni persona e di tutta la persona
   (quest'ultimo livello richiede la piena fede cristiana nella Rivelazione per comprendere la nozione di "peccato" come rottura della "giustizia" dell'uomo verso Dio Creatore e Redentore).

L'intero quadro completo di tutti questi livelli fa parte della "sfida culturale" della Chiesa, che essa deve lanciare al mondo che la contrasta, non limitandosi ad "appelli morali" e ad "auspici", ma sfidando le ideologie del mondo mettendo allo scoperto i loro punti deboli e i motivi del loro fallimento.

E annunciando, in alternativa, la forza anche culturale della visione cristiana del mondo. La forza di questa sta nell'includere anche la possibilità di sbagliare, chiamando il "peccato" e il "male" con il loro nome, e la possibilità di "essere rigenerati" da Cristo e non solo da noi stessi.

LA PARTECIPAZIONE ALLA VITA SOCIALE

405. Su che cosa si fonda l'autorità nella società? (1897-1902 1918-1920)

Ogni comunità umana ha bisogno di un'autorità legittima, che assicuri l'ordine e contribuisca all'attuazione del bene comune. Tale autorità trova il proprio fondamento nella natura umana, perché corrisponde all'ordine stabilito da Dio.

Il *bisogno di un'autorità legittima* di cui parla questo numero è un "dato di fatto", riscontrabile nell'esperienza quotidiana di tutti. Poiché l'essere umano non riesce a sopravvivere a lungo da solo (o comunque se ciò avviene si tratta di una situazione estrema non desiderata da alcuno):

- sia per provvedere alle necessità materiale (cibo, cure sanitarie, esigenze fisiche in generale)
- che per le "esigenze affettive" che gli sono proprie

ha bisogno di vivere con "altri" esseri umani che gli siano di aiuto. Questo "dato di fatto" è sempre stato qualificato come una "legge di natura", o secondo il linguaggio tradizionale come un "dato di natura". Oggi la prima dizione sembra essere più facilmente accoglibile, dal momento che siamo abituati a riconoscere l'esistenza di leggi "fisiche", "biologiche", ecc. come "leggi naturali" studiate dalle scienze. Mentre in una cultura che nega una natura umana stabile, si constata una certa resistenza ad accogliere la nozione equivalente di "natura" dell'uomo, di "legge naturale" e "diritto naturale".

Un comunità per funzionare senza precipitare nell'anarchia ha bisogno di "regole", o "leggi", di qualcuno che le promulghi e le faccia rispettare. Questa è la *legittima autorità* che si esprime sia attraverso singole persone preposte, sia attraverso strutture istituzionalmente predisposte.

Questo "dato di natura" non è fondato su stesso, ma sull'origine creaturale dell'essere umano. Questo lo dice la "Rivelazione", motivando il dato scopribile anche da parte della "ragione". E il fondamento rivelato è che questo "dato di natura" *trova il proprio fondamento nella natura umana, perché corrisponde all'ordine stabilito da Dio.*

---

406. Quando l'autorità è esercitata in modo legittimo? (1901 1903-1904 1921-1922)

L'autorità è esercitata in modo legittimo quando agisce per il bene comune e per conseguirlo usa mezzi moralmente leciti. Perciò i regimi politici devono essere determinati dalla libera decisione dei cittadini e devono rispettare il principio dello «Stato di diritto», nel quale è sovrana la legge, e non la volontà arbitraria degli uomini. Le leggi ingiuste e le misure contrarie all'ordine morale non sono obbliganti per le coscienze.

Questo numero enuncia due principi che sono assolutamente indispensabili per garantire le condizioni per avere una società umana "vivibile".

- Il primo è quello per il quale l'autorità è pienamente legittima se *agisce per il bene comune* e lo realizza con *mezzi moralmente leciti.*

- Il secondo è che l'autorità non deve emanare e imporre *leggi ingiuste* cioè *contrarie all'ordine morale*, intendendo qui la "morale" e il "diritto" naturale. Se lo fa quelle leggi *non sono obbliganti per le coscienze,* e non possono essere rispettate.

Vengono aggiunte, a proposito del primo punto, le precisazioni che

- da un lato *i regimi politici devono essere determinati dalla libera decisione dei cittadini,* il che significa, in pratica, mediante elezioni realmente democratiche, nel rispetto della legge;

– dall'altro lato che la concezione della democrazia deve basarsi su un alfabeto comune alle parti, rappresentato almeno dal "diritto naturale", ma anche dalle tradizioni culturali e religiose della nazione, così che la democrazia non degeneri in anarchia (si *devono rispettare il principio dello «Stato di diritto», nel quale è sovrana la legge, e non la volontà arbitraria degli uomini*).

Il numero seguente dovrà, perciò, definire ciò che si intende per *bene comune,* concetto che un tempo era ovvio, mentre nel nostro tempo nel quale non si conosce più neppure la distinzione tra bene e male, ciò risulta assolutamente indispensabile.

===

407. **Che cos'è il bene comune?** (1905-1906 1924)

Per bene comune si intende l'insieme di quelle condizioni di vita sociale che permettono ai gruppi e ai singoli di realizzare la propria perfezione.

===

Questa definizione riguarda il compito di garantire, da parte dello Stato, quelle condizioni economiche, di lavoro, di sicurezza e ordine pubblico, di pace internazionale, di istruzione, di assistenza sanitaria, di scambio di merci e di beni, di rispetto delle persone – inclusa una libertà di pensiero, di espressione, di culto – e di proprietà delle cose, ecc., che rendono vivibile dignitosamente l'esistenza, nel pieno rispetto della "giustizia" che "dà a ciascuno il suo". Questo è racchiuso nella formula sintetica *realizzare la propria perfezione.*

408. Che cosa comporta il bene comune? (1907-1909 1925)

Il bene comune comporta: il rispetto e la promozione dei diritti fondamentali della persona; lo sviluppo dei beni spirituali e temporali delle persone e della società; la pace e la sicurezza di tutti.

Questo numero, svolgendo quello precedente, dettaglia quanto abbiamo anticipato illustrando il numero precedente, con il quale forma un corpo unico.

409. Dove si realizza in maniera più rilevante il bene comune? (1910-1912 1927)

La realizzazione più completa del bene comune si trova in quelle comunità politiche, che difendono e promuovono il bene dei cittadini e dei ceti intermedi, senza dimenticare il bene universale della famiglia umana.

Qui si precisa il fatto che *La realizzazione più completa del bene comune* non può fermarsi a trattare l'individuo come "cittadino individuo", privo di rapporti sociali diversi da quelli che ha direttamente con lo Stato, ma deve comprendere l'esistenza, il sostegno e il rispetto della famiglia, dell'iniziativa privata, espressione di "libere aggregazioni" di persone che, con la loro iniziativa, competenza e cultura, intendono rispondere a beni sociali concreti che non sono di pertinenza diretta o esclusiva dello Stato. Ciò riguarda, ad esempio le scuole private e paritarie, le strutture sanitarie private, le comunità religiose e tutte quelle iniziative che, con la loro esistenza, contribuiscono al bene comune. Come tali questi "corpi intermedi" (*ceti intermedi*) vanno finanziati e agevolati con semplificazioni burocratiche e amministrative. In questo consiste il "principio di sussidiarietà". Manipolare ideologicamente o sopprimere tale principio è un grave abuso.

410. Come l'uomo partecipa alla realizzazione del bene comune?
(1913-1917 1926)

Ogni uomo, secondo il posto e il ruolo che ricopre, partecipa a promuovere il bene comune, rispettando le leggi giuste e facendosi carico dei settori di cui ha la responsabilità personale, quali la cura della propria famiglia e l'impegno nel proprio lavoro. I cittadini inoltre, per quanto è possibile, devono prendere parte attiva alla vita pubblica.

Se nei numeri precedenti sono stati individuati i compiti per il bene comune e i modi di attuarli dell'autorità statale, in questo numero si parla, complementarmente, dei compiti di ciascun membro della società umana e, in particolare, della nazione alla quale appartiene.

In particolare si sottolinea:

- la *cura della propria famiglia*. Questo comporta, oggi, la necessità di testimoniare con la propria condotta un modello di famiglia che corrisponda al diritto naturale e alla visione del Creatore, cioè fondata sul matrimonio indissolubile nella pari dignità dei suoi componenti;

- e *l'impegno nel proprio lavoro*, impegno che significa non appena fare ciò che viene previsto dall'azienda, o ricercare solo il proprio profitto se si svolge un lavoro autonomo, ma avere chiare una concezione del lavoro come "collaborazione all'opera di Dio Creatore" (un testo base di riferimento è offerto, in tal senso dall'Enciclica *Laborem exercens* di san Giovanni Paolo II).

Viene raccomandato, al termine del numero, anche l'impegno sociale e politico come una forma di bene che, se illuminato dalla Grazia assume la dignità di esercizio della virtù della Carità (*I cittadini inoltre, per quanto è possibile, devono prendere parte attiva alla vita pubblica.*).

LA GIUSTIZIA SOCIALE

411. Come la società assicura la giustizia sociale? (1928-1933 1943-1944)

La società assicura la giustizia sociale quando rispetta la dignità e i diritti della persona, fine proprio della società stessa. Inoltre la società persegue la giustizia sociale, che è connessa con il bene comune e l'esercizio dell'autorità, quando realizza le condizioni che consentono alle associazioni e agli individui di conseguire ciò a cui hanno diritto.

Questo numero precisa il concetto di *giustizia sociale*. Se la giustizia, secondo la definizione classica, è la virtù che "dà a ciascuno il suo", essa deve regolare

- sia i rapporti tra la società (includendo anche lo Stato) e i "singoli", nel rispetto dei *diritti della persona*
- come quelli tra la società (e lo Stato) e le "aggregazioni" o *associazioni* che i singoli formano tra loro al fine di meglio contribuire al "bene comune".

È chiaro che, perché la giustizia sociale possa sussistere occorre un "fondamento culturale condiviso" da tutti, che precede le opzioni politiche e ideologiche di partito. Questo fondamento può essere fornito solo da dati oggettivi che emergono dall'osservazione attenta della "natura umana". Esso è dato dalla *Legge Naturale* (*I Comandamenti*) per quanto riguarda la morale e dal *Diritto Naturale* per quanto attiene alla legislazione. Negando questo fondamento la società e lo Stato, come istituzione pubblica che la regola, precipitano prima o poi in forme di dittatura o nell'anarchia.

Arrendersi al riconoscimento della *Legge Naturale* e del *Diritto Naturale* significa arrendersi all'evidenza dei fatti e ogni società e Stato che intendano definirsi civili saranno costretti dalla realtà, a farlo.

412. Su che cosa si fonda l'uguaglianza tra gli uomini? (1934-1935
1945)

*Tutti gli uomini godono di eguale dignità e diritti fondamentali,
in quanto, creati a immagine dell'unico Dio e dotati di una medesima anima razionale, hanno la stessa natura e origine, e sono
chiamati, in Cristo unico salvatore, alla medesima beatitudine
divina.*

Oltre a ciò che ci dice la "ragione" – che è in grado di riconoscere, con una lettura "scientifica" dei fatti, l'esistenza e i caratteri
della *Legge Naturale* ponendola anche alla base del *Diritto Naturale* in ordine alla formulazione delle "leggi positive" dello Stato
– questo numero aggiunge il dato che proviene dalla Rivelazione.

La Rivelazione ci dice che

– il "motivo originario" che fonda i diritti della persona umana
è Dio Creatore, che ha disposto che gli esseri umani avessero

= la natura che hanno (dotata di corpo materiale e *anima
razionale*)

= delle leggi finalizzate al loro bene personale e comunitario, quali sono i *Comandamenti*.

Questo è il motivo originario per cui essi sono dotati della
stessa dignità "per natura". Perciò non può essere l'arbitrio
a decidere, a capriccio, come è fatto l'essere umano. Se pre-
tende di farlo, finisce per distruggere se stesso finendo nel
più disumano degrado.

– A questo "motivo originario di natura" si inserisce il motivo della "Redenzione operata da Cristo", che ha riparato
l'accesso alla "giustizia originale" rifiutata dall'intera specie umana con il "peccato originale". Per cui qui è detto che
tutti *sono chiamati, in Cristo unico salvatore, alla medesima
beatitudine divina.* E quindi hanno il "diritto" di non essere
ostacolati a raggiungere questo scopo soprannaturale.

413. Come valutare le disuguaglianze tra gli uomini? (1936-1938 1946-1947)

Ci sono delle disuguaglianze inique, economiche e sociali, che colpiscono milioni di esseri umani; esse sono in aperto contrasto con il Vangelo, contrarie alla giustizia, alla dignità delle persone, alla pace. Ma ci sono anche differenze tra gli uomini, causate da vari fattori, che rientrano nel piano di Dio. Infatti, Egli vuole che ciascuno riceva dagli altri ciò di cui ha bisogno, e che coloro che hanno «talenti» particolari li condividano con gli altri. Tali differenze incoraggiano e spesso obbligano le persone alla magnanimità, alla benevolenza e alla condivisione, e spingono le culture a mutui arricchimenti.

Qui si lascia intendere, pur non potendo entrare in troppi particolari, il fatto che l'"uguaglianza nella dignità" delle persone, non può e non deve significare che tutti debbano essere omologati ad uno "stereotipo statale", ad una sorta di *robot* identico per tutti e senza differenze. Questa conformazione omogenea annulla la personalità, ed è tipica delle dittature.

Nel piano del Creatore sono previsti per ciascuno delle differenze sia fisiche (come l'identità sessuale, i caratteri fisici, ecc.) che spirituali (come le tendenze, le attitudini artistiche, le abilità manuali e intellettuali). Queste differenze non intaccano la pari dignità, ma arricchiscono le possibilità di ciascuno a beneficio degli altri nella comunità umana. Così *che ciascuno riceva dagli altri ciò di cui ha bisogno, e che coloro che hanno «talenti» particolari li condividano con gli altri.*

414. Come si esprime la solidarietà umana? (1939-1942 1948)

La solidarietà, che scaturisce dalla fraternità umana e cristiana, si esprime anzitutto nella giusta ripartizione dei beni, nella equa remunerazione del lavoro e nell'impegno per un ordine sociale

più giusto. La virtù della solidarietà attua anche la condivisio-
ne dei beni spirituali della fede, ancor più importanti di quelli
materiali.

Tutti questi numeri presentano e propongono "l'ideale" che può
e deve essere perseguito in una società che tende a realizzare
la "giustizia sociale". In particolare qui si parla di una corretta
solidarietà

- che *si esprime anzitutto nella giusta ripartizione dei beni*
- *nella equa remunerazione del lavoro*
- *e nell'impegno per un ordine sociale più giusto.*

In questo numero, in particolare, si propone un concetto di *solida-*
rietà che *attua anche la condivisione dei beni spirituali della fede,*
ancor più importanti di quelli materiali, ma che prevede anche un
"minimo" almeno nell'aiuto materiale, quando è necessario.

Per funzionare la solidarietà richiede un comune rispetto della
Legge Naturale, sia da parte di chi aiuta nel bisogno, sia da parte di chi viene aiutato. Ogni tentativo di inganno del prossimo
finisce per danneggiare l'intera società.

Capitolo terzo
La salvezza di Dio: la Legge e la Grazia

LA LEGGE MORALE

415. Che cos'è la legge morale? (1950-1953; 1975-1978)

La legge morale è opera della Sapienza divina. Prescrive all'uo-
mo le vie, le norme di condotta che conducono alla beatitudine
promessa e vietano le strade che allontanano da Dio.

Questa è una sorta di "definizione operativa" della *Legge Naturale*. Come tale non la definisce tanto per quello "che è" (definizione essenziale o metafisica), quanto per "quello che fa", indicando la strada del comportamento da tenere per seguire la "giustizia originale", mantenendo il "giusto modo" del "rapporto con Dio Creatore", così da vivere bene ora e giungere alla *beatitudine* eterna. Di conseguenza, prescrive, "in positivo" il giusto comportamento da tenere; per opposizione, "in negativo" proibisce *le strade che allontanano da Dio*.

---

416. In che cosa consiste la legge morale naturale? (1954-1960; 1978-1979)

La legge naturale, iscritta dal Creatore nel cuore di ogni uomo, consiste in una partecipazione alla sapienza e alla bontà di Dio ed esprime il senso morale originario, che permette all'uomo di discernere, per mezzo della ragione, il bene e il male. Essa è universale e immutabile e pone la base dei doveri e dei diritti fondamentali della persona, nonché della comunità umana e della stessa legge civile.

Questa è, invece, una "definizione essenziale" della *Legge Naturale* in quanto dice "ciò che è", e non tanto "ciò che fa". Si dice:

– per prima cosa che tale legge è *iscritta dal Creatore nel cuore di ogni uomo*. Per questo è detta *naturale* in quanto è iscritta nella "natura umana" («questa parola è molto vicina a te, è nella tua bocca e nel tuo cuore, perché tu la metta in pratica», *Deut* 30,14).

– poi la si definisce come *una partecipazione alla Sapienza e alla Bontà di Dio ed esprime il senso morale originario*. Qui le parole chiave da ricordare sono due:

= *partecipazione*. È una parola chiave della concezione cattolica della realtà. Dio ci fa partecipare, donandoci in parte "l'essere/esistenza", la "verità/sapienza", "il bene/la vita", e ogni altra dimensione della nostra natura; per cui noi non siamo Dio per essenza, ma lo siamo in un certo grado, "per partecipazione";

= *originario*. Parola chiave che dice chi è l'uomo secondo il progetto di Dio: un essere dotato di un *senso morale originario*, così da conoscere la Legge del suo "giusto rapporto" con Dio Creatore.

– Ne viene di conseguenza che l'essere umano è reso capace "per natura" *di discernere, per mezzo della ragione, il bene e il male*. Il vero danno, operato dal demonio, giunto ai massimi livelli nella nostra epoca storica, è l'avere intaccato il più possibile questa capacità di distinguere, con la *ragione , il bene e il male*.

417. È percepita da tutti tale legge? (1960)

A causa del peccato, la legge naturale non sempre e non da tutti viene percepita con uguale chiarezza e immediatezza.

Per questo Dio «ha scritto sulle tavole della Legge quanto gli uomini non riuscivano a leggere nei loro cuori» (sant'Agostino).

Della "Legge morale Naturale", comune a tutti i popoli, si hanno tracce fino dall'archeologia e dalla paleontologia e testimonianze documentali esplicite fino dagli scritti di Cicerone, vissuto tra il 106 e il 43 a.C.

«Questa legge [naturale] è una legge non scritta ma nativa (*non scripta, sed nata lex*), non appresa [da maestri], né ricevuta [per tradizione], né letta [su testi scritti], ma da noi sottratta alla natura stessa (*a natura ipsa arripuimus*), da essa attinta ed espressa [come "spremuta fuori"]; legge in cui siamo stati non già ammaestrati, ma naturalmente disposti, ad essa non educati, ma di essa impregnati» (Cicerone, *Pro Milone,* 4,10).

418. Qual è il rapporto tra la legge naturale e la Legge antica? (1961-1962 1980)

La Legge antica è il primo stadio della Legge rivelata. Essa esprime molte verità che sono naturalmente accessibili alla ragione e che si trovano così affermate e autenticate nelle Alleanze della Salvezza. Le sue prescrizioni morali, che sono riassunte nei Dieci Comandamenti del Decalogo, pongono i fondamenti della vocazione dell'uomo, vietano ciò che è contrario all'amore di Dio e del prossimo, e prescrivono ciò che gli è essenziale.

Con la denominazione *La Legge antica* si intende il *corpus* delle prescrizioni contenute nell'*Antico Testamento*, la sintesi del quale è condensata nei *Dieci Comandamenti* rivelati da Dio a Mosè. Questi ultimi "rivelano" (si tratta di un *revelatum per accidens*, secondo la dizione tomista), in maniera precisa le norme della *Legge Naturale* che i popoli hanno, più o meno, scoperto con la sola "ragione" e fissato nelle loro tradizioni in modo sostanzialmente comune a tutti.

419. Come si colloca la Legge antica nel piano della Salvezza? (1963-1964 1982)

La Legge antica permette di conoscere molte verità accessibili alla ragione, indica ciò che si deve o non si deve fare, e soprattutto, come fa un saggio pedagogo, prepara e dispone alla conversione e all'accoglienza del Vangelo. Tuttavia, pur essendo santa, spirituale e buona, la Legge antica è ancora imperfetta, poiché non dona da se stessa la forza e la Grazia dello Spirito per osservarla.

Questo numero precisa una cosa, se vogliamo ovvia, ma che è importante avere ben presente.

Ed è il dato di fatto che la *Legge antica* e quindi la *Legge Naturale* in essa compresa:

- "è sufficiente" ad indicare *ciò che si deve o non si deve fare* per rispettare la "giustizia con Dio Creatore" e, quindi vivere meglio che si può, già su questa terra
- ma "non è sufficiente" a riparare la "rottura della giustizia originale" ("peccato originale") compiuta dall'umanità con il "peccato originale" e replicata con i "peccati attuali" dei singoli, che si commettono di conseguenza (*la Legge antica è ancora imperfetta, poiché non dona da se stessa la forza e la Grazia dello Spirito per osservarla*).

Ciò è ben spiegato dall'Apostolo Paolo, là dove dice che la *Legge* (intendendo con ciò la *Legge Antica* detta da lui anche *Legge di Mosè,* serve a denunciare, facendo emergere le trasgressioni (i "peccati") degli uomini, ma non a porre ad essi un rimedio (la "Salvezza").

> «L'uomo non è giustificato dalle opere della Legge ma soltanto per mezzo della fede in Gesù Cristo [...] e non dalle opere della Legge; poiché dalle opere della Legge non verrà mai giustificato nessuno» (*Gal* 2,16).

Si aggiunge poi il fatto che la Legge come *un saggio pedagogo, prepara e dispone alla conversione e all'accoglienza del Vangelo.* Ed è ancora san Paolo a dirlo.

> «Così la legge è per noi come un pedagogo che ci ha condotto a Cristo, perché fossimo giustificati per la fede» (*Gal* 3,24).

Di conseguenza si comprende come il tentativo di rimuovere la *Legge Naturale* come base delle legislazioni degli Stati moderni e contemporanei, ha contribuito a rendere sempre meno comprensibile, nelle loro culture, il cristianesimo come unica proposta efficace di Salvezza universale.

Oggi è stato praticamente rimosso lo "spazio teorico" per "pensare il cristianesimo".

---

420. Che cos'è la nuova Legge o Legge evangelica? (1965-1972 1983-1985)

La nuova Legge o Legge evangelica, proclamata e realizzata da Cristo, è la pienezza e il compimento della Legge divina, naturale e rivelata. Essa è riassunta nel comandamento di amare Dio e il prossimo, e di amarci come Cristo ci ha amato; è anche una realtà interiore all'uomo: la Grazia dello Spirito Santo che rende possibile un tale amore. È «la legge della libertà» (Gc 1,25), perché porta ad agire spontaneamente sotto l'impulso della carità.

> «La nuova legge è principalmente la stessa Grazia dello Spirito Santo, che è data ai credenti in Cristo»
> (san Tommaso d'Aquino).

Questo numero introduce la *Nuova Legge* instaurata da Cristo, come *Nuovo Testamento*, quale "compimento" della *Legge Antica* e non come abolizione della medesima. Gesù stesso dirà:

> «Non pensate che io sia venuto ad abolire la Legge o i Profeti; non son venuto per abolire, ma per dare compimento. In verità vi dico: finché non siano passati il cielo e la terra, non passerà neppure uno iota o un segno dalla Legge, senza che tutto sia compiuto. Chi dunque trasgredirà uno solo di questi precetti, anche minimi, e insegnerà agli uomini a fare altrettanto, sarà considerato minimo nel Regno dei Cieli. Chi invece li osserverà e li insegnerà agli uomini, sarà considerato grande nel Regno dei Cieli» (*Mt* 5,17-19).

Dunque il duplice "Comandamento dell'Amore" (Amore di Dio e Amore del Prossimo) non vanno interpretati "sentimentalisticamente", come se un vago sentimento di amore verso Dio e verso il prossimo, potesse sostituire in blocco i *Comandamenti*, sopprimendoli. E tantomeno come una sorta di "opzione fondamentale", per Dio e il prossimo che, una volta fatta, esime dal rispetto di qualsiasi regola morale.

Al contrario la Carità si attua nell'adempimento dei *Comandamenti*, esercitato con interiore intelligente convinzione, così da comprovare che si ama Dio e il prossimo, non a parole ma nei fatti.

Per questo san Giacomo Apostolo scriverà ai suoi:

> «Che giova, fratelli miei, se uno dice di avere la fede [come opzione teorica] ma non ha le opere? [come morale conseguente] Forse che quella fede può salvarlo? [...]
>
> Così anche la fede: se non ha le opere, è morta in se stessa. [...]
>
> Infatti come il corpo senza lo spirito è morto, così anche la fede senza le opere è morta» (*Gc* 2,14-26).

---

421. **Dove si trova la Legge nuova?** (1971-1974 1986)

La Legge nuova si trova in tutta la vita e la predicazione di Cristo e nella catechesi morale degli Apostoli: il Discorso della Montagna ne è la principale espressione.

Si deve riconoscere e dire che Cristo stesso è l'incarnazione della *Legge Nuova* essendo il "principio fondante" (*Logos*) di tutte le cose. Dalla Sua Persona Divina e dalla Sua Umanità vengono tutti i suoi insegnamenti (la Sua "Dottrina"), tramandata fino a noi *nella catechesi morale degli Apostoli* e dei loro successori.

La *Beatitudini*, espresse nel *Discorso della Montagna* (*Mt* 5,1-12) sono *la principale espressione* della "giustizia originale" ristabilita tra Dio Creatore e gli uomini, in quanto descrivono la "condizione riscattata" di coloro che, penalizzati dalle conseguenze del peccato originale, sono stati "risanati" da Cristo, fino a giungere a partecipare alla Sua Gloria nell'Eternità.

GRAZIA E GIUSTIFICAZIONE

422. Che cos'è la giustificazione? (1987-1995 2017-2020)

La giustificazione è l'opera più eccellente dell'amore di Dio. È l'azione misericordiosa e gratuita di Dio, che cancella i nostri peccati e ci rende giusti e santi in tutto il nostro essere. Ciò avviene per mezzo della Grazia dello Spirito Santo, che ci è stata meritata dalla passione di Cristo e ci è donata nel Battesimo. La giustificazione dà inizio alla libera risposta dell'uomo, cioè alla fede in Cristo e alla collaborazione con la Grazia dello Spirito Santo.

Questo numero è di fondamentale importanza perché rimuove qualunque idea deviante che contrappone la *misericordia* alla *giustizia*, quasi che la prima fosse una sorta di condono o amnistia, un fingere che il peccato non ci sia mai stato.

Al contrario qui si insegna che *la giustificazione*, cioè il ristabilimento della "giustizia" nel rapporto tra l'uomo e Dio Creatore – infranta con il "peccato originale" e i "peccati attuali" ad esso successivi – è la più grande *azione misericordiosa e gratuita di Dio*.

Così che la restituzione dello "stato di giustizia" è frutto di un "atto di misericordia" da parte di Dio, il quale "ripara" (è la Redenzione operata mediante la Croce di Cristo) il danno prodotto dagli uomini, come "singoli" (quanto ai loro "peccati attuali") e come "genere umano" quanto al "peccato originale".

Così che la "giustificazione" fa passare dallo stato di "peccatore" allo stato di "giusto".

Ciò corregge l'errore di Lutero che vedeva la giustificazione come un "condono", un fingere che l'uomo "peccatore", pur rimanendo tale, fosse considerato "giusto".

Ciò comportava la coesistenza impossibile di due stati contraddittori: quello di "giusto" e quello di "peccatore" (*simul iustus et peccator*).

Il numero spiega anche come questa "riparazione" (*giustificazione*) avvenga *per mezzo della Grazia dello Spirito Santo, che ci è stata meritata dalla passione di Cristo* il quale

- si è messo al posto nostro ("sostituzione vicaria") "in quanto uomo"
- avendo il potere adeguato per riparare all'offesa infinita fatta a Dio, in quanto Dio Egli stesso.

Tale "giustificazione" ci raggiunge in modo "efficace" attraverso il Sacramento del Battesimo che "ripara" la colpa e la pena dovute al "peccato originale" e a tutti i "peccati attuali" precedenti. E viene rinnovata mediante il Sacramento della Penitenza che ripara i peccati attuali successivi al Battesimo.

Con la "giustificazione" l'uomo stesso divine, mediante la fede, "collaboratore" attivo dell'Unica Economia della Salvezza iniziata dal Padre, portata a compimento da Cristo e perfezionata nella nostra vita dallo Spirito Santo.

---

423. **Che cos'è la Grazia che giustifica?** (1996-1998, 2005 2021)

La Grazia è il dono gratuito che Dio ci dà per renderci partecipi della sua vita trinitaria e capaci di agire per amor suo, È chiamata Grazia abituale, o santificante o deificante, perché ci santifica e ci divinizza. È soprannaturale, perché dipende interamente dall'iniziativa gratuita di Dio e supera le capacità dell'intelligenza e delle forze dell'uomo. Sfugge quindi alla nostra esperienza.

Qui si definisce la Grazia, come una forma di "partecipazione alla vita intima di Dio nella Trinità" (*è il dono gratuito che Dio ci dà per renderci partecipi della sua vita trinitaria*). Questa è un *dono gratuito* da parte di Dio, che non può essere realizzato dalla volontà umana, potendo piuttosto essere accettata o rifiutata come un dono (*dipende interamente dall'iniziativa gratuita di Dio e supera le capacità dell'intelligenza e delle forze dell'uomo*).

Gesù stesso descrive questa opera gratuita di "partecipazione alla vita di Dio" quando, citando un *Salmo* 82 dice: «Non è forse scritto nella vostra Legge: Io ho detto: voi siete dèi?» (*Gv* 10,34).

---

424. Quali altri tipi di Grazia ci sono? (1999-2000 2003-2004 2023-2024)

Oltre alla Grazia abituale, ci sono: le Grazie attuali (doni circostanziati); le Grazie sacramentali (doni propri di ciascun Sacramento); le Grazie speciali o carismi (aventi come fine il bene comune della Chiesa), tra cui le Grazie di stato, che accompagnano l'esercizio dei ministeri ecclesiali e delle responsabilità della vita.

La Grazia, della quale Dio fa dono gratuitamente a coloro che accedono alla ristabilita "giustizia" nel rapporto con Dio, può manifestarsi in diversi modi, circostanze e con diverse funzioni.

Per questo, tradizionalmente essa assume differenti denominazioni, pur trattandosi sempre di una *forma di partecipazione alla vita Trinitaria di Dio*. Questo numero indica quelle principali, distinguendo tra:

– *Grazia abituale* che caratterizza l'essere in "stato di Grazia" (come "abito" *habitus*), che è proprio di chi non si trova in peccato mortale, ma vive in armonia con la Legge dei *Comandamenti*;

– *Grazie attuali (doni circostanziati)* che sono date di volta in volta in momenti particolari, ad esempio per prendere singole decisioni, compiere singole scelte e azioni;

– *Grazie sacramentali (doni propri di ciascun Sacramento)*, sono concomitanti con la ricezione di ogni singolo Sacramento. Sia che si tratti di Sacramenti che si ripetono regolarmente come la Penitenza, la Comunione; sia di Sacramenti che si ricevono una sola volta, in quanto imprimono un "Carattere" indelebile;

– *Grazie speciali o carismi (aventi come fine il bene comune della Chiesa)*, che vengono date a singole persone per compiere un'opera a beneficio della Chiesa, come quella di fondare una comunità, un'opera caritativa, ecc. Queste normalmente sono date a chi le sa accogliere per condurre una vita di santità, ma non necessariamente (l'avere ricevuto un carisma non rende automaticamente santi!) e possono avere anche una durata temporalmente circoscritta, senza estendersi per il tempo della vita intera di chi le riceve;

– *Grazie di stato, che accompagnano l'esercizio dei ministeri ecclesiali e delle responsabilità della vita*. Così, ad esempio, un ministro della Chiesa nell'esercizio delle sue funzioni, può ricevere una Grazia attuale che lo illumina nel prendere una decisione e nel dire certe parole che vengono da Dio. Pensiamo, ad esempio a un Papa, un Vescovo, un Confessore o un predicatore, ecc. Nel Vangelo troviamo già un esempio di "Grazia di stato", riscontrato dall'Evangelista Giovanni che annota che

> «Caifa, che era sommo sacerdote in quell'anno, disse loro: "Voi non capite nulla e non considerate come sia meglio che muoia un solo uomo per il popolo e non perisca la nazione intera". Questo però non lo disse da se stesso, ma *essendo sommo sacerdote* [in virtù di quel suo "stato"] profetizzò che Gesù doveva morire per la nazione e non per la nazione soltanto, ma anche per riunire insieme i figli di Dio che erano dispersi» (*Gv* 49-52).

425. **Qual è il rapporto tra la Grazia e la libertà dell'uomo?** (2001-2002)

La Grazia previene, prepara e suscita la libera risposta dell'uomo. Essa risponde alle profonde aspirazioni della libertà umana, la invita a cooperare e la conduce alla sua perfezione.

Questo numero affronta, in poche righe, uno dei più grandi aspetti della dottrina e della teologia, che è il rapporto misterioso tra la Grazia e la libertà della creatura intelligente come l'uomo, o l'angelo.

Si dice, con parole che hanno un "peso metafisico" oltre che "teologico", che *La Grazia*

- *previene* ovvero anticipa per il fatto di dare, prima di tutto, "esistenza" alla *libera risposta dell'uomo*;

- *prepara*, nel senso che, oltre a "fare esistere l'atto" di risposta dell'uomo che, come ogni realtà creata riceve l'esistenza da Dio Creatore, "predispone" (non "costringe"!) l'intelligenza attraendole al "vero" e la volontà attraendola al "bene" di ciò che è chiamata a compiere;

- *suscita* quasi a fare il "primo passo" *la libera risposta dell'uomo*. Questa può sempre sottrarsi, ma almeno in un primo momento avverte un'attrattiva "istintiva" (san Tommaso parla più volte di *istinto dello Spirito Santo*) a compiere il bene.

Poi qui si spiega che questo percorso avviene perché *risponde alle profonde aspirazioni della libertà umana*: la libera volontà dell'essere umano è "nativamente fatta" (il latino dice efficacemente: *apta nata*) per compierlo.

C'è una bella preghiera, nella tradizione medievale, che sintetizza con parole precise tutto questo, con un'analisi di quella che il linguaggio della metafisica chiama la "premozione fisica".

Essa dice:

> «Ti chiediamo, Signore che tu *prevenga* le nostre azio-
> ni *ispirandole,*
> le faccia *proseguire* aiutandole,
> così che ogni nostra attività,
> che ha il suo *inizio attraverso di Te,*
> giunga a *compimento*».
> (*Actiones nostras, quaesumus, Domine, inspirando pre-
> veni, adiuvando prosequere, ut cuncta nostra operatio,
> per te coepta, finiatur*).

Oggi questa preghiera si recita nella liturgia del Giovedì dopo le Ceneri ed è adatta anche per essere recitata prima di iniziare il lavoro della giornata, o una qualche attività importante.

---

426. **Che cos'è il merito?** (2006-2010, 2025-2026)

Il merito è ciò che dà diritto alla ricompensa per un'azione buona. Nei confronti di Dio, l'uomo, di per sé, non può meritare nulla, avendo tutto da lui gratuitamente ricevuto. Tuttavia, Dio gli dona la possibilità di acquistare meriti per l'unione alla carità di Cristo, sorgente dei nostri meriti davanti a Dio. I meriti delle opere buone devono perciò essere attribuiti anzitutto alla Grazia di Dio e poi alla libera volontà dell'uomo.

Questo numero è autoesplicativo. Ma vale la pena sottolineare che, con il "merito", Dio dà all'uomo non certo il diritto di vantarsi davanti a Lui esibendo una sorta di propria autonoma, quanto presuntuosa "bravura" – come il fariseo del Vangelo – quanto la restituzione di una dignità piena, dopo il riscatto dal peccato.

Ma aiuta a capire che l'essere umano, non è semplicemente come un prigioniero che, scontata la pena della detenzione, dopo un reato commesso (contro la "giustizia originale" rifiutata), viene rimesso in libertà. Non viene a abbandonato a se stesso, senza casa e senza lavoro,

– ma gli viene offerta la dignità di un "posto di lavoro", nella casa della Creazione, per collaborare all'opera di Dio nella storia. In questo modo l'uomo "merita" facendo bene una parte che Dio affida alla sua libera volontà;

– e addirittura «l'uomo collabora in qualche modo col Figlio di Dio alla redenzione dell'umanità» (Givanni Paolo II, *Laborem exercens*, n. 27).

---

427. Quali beni possiamo meritare? (2010-2011; 2027)

Sotto la mozione dello Spirito Santo possiamo meritare, per noi stessi e per gli altri, le Grazie utili per santificarci e per giungere alla vita eterna, come pure i beni temporali a noi convenienti secondo il disegno di Dio. Nessuno può meritare la Grazia prima, quella che sta all'origine della conversione e della giustificazione.

Anche questo numero è di capitale importanza per la comprensione dell'azione della Grazia nella vita dell'essere umano. Qui ci viene detto che:

– *Nessuno può meritare la Grazia prima, quella che sta all'origine della conversione e della giustificazione.* Il ristabilimento del "giusto rapporto con Dio Creatore" (*la Grazia prima*) solo Cristo ce lo merita, con la Sua Croce. Non ci salviamo con le sole nostre forze, come pretendeva il pelagianesimo;

– ma una volta che siamo ammessi allo "stato di Grazia", ci è data la possibilità di "meritare" l'aumento della Grazia stessa (*meritare, per noi stessi* [...] *le Grazie utili per santificarci e per giungere alla vita eterna* e meritare *per gli altri* quegli aiuti soprannaturali che muovono a una vera conversione.

Un po' come dire che non siamo in grado di procurarci un posto di lavoro (la *Grazia prima*) se nessuno ce lo offre, ma possiamo meritarci gli "avanzamenti di carriera" (*le Grazie utili per santificarci*) sul "posto di lavoro" che già abbiamo.

---

428. Siamo tutti chiamati alla santità cristiana? (2012-2016 2028-2029)

Tutti i fedeli sono chiamati alla santità cristiana. Essa è pienezza della vita cristiana e perfezione della carità, e si attua nell'unione intima con Cristo, e, in Lui, con la Santissima Trinità. Il cammino di santificazione del cristiano, dopo essere passato attraverso la Croce, avrà il suo compimento nella Risurrezione finale dei giusti, nella quale Dio sarà tutto in tutte le cose.

Anche questo numero è autoesplicativo. Ciò che è importante trattenere è il dato della "chiamata universale alla santità": *Tutti i fedeli sono chiamati alla santità cristiana* (*cfr., Lumen Gentium,* cap. V), con la quale Dio manifesta di amare le sue creature, di non escludere nessuno dalla Salvezza, offrendo a tutti, ugualmente, la possibilità di accedere alla beatitudine eterna, solo che lo vogliano sinceramente.

In particolare, nella sacra Scrittura, troviamo l'appello esplicito alla santità, ne libro del *Levitico.*

> «Siate santi, perché io, il Signore Dio vostro, sono santo» (*Lev* 19,2).
> «Io sono il Signore che vi vuole fare santi» (*Lev* 20,8).

LA CHIESA, MADRE E MAESTRA

Dopo aver esposto la dottrina su Cristo ("cristologia") e sulla salvezza dell'uomo operata da Lui ("soteriologia") il *Compendio* espone la dottrina sulla Chiesa ("ecclesiologia").

429. In qual modo la Chiesa nutre la vita morale del cristiano?
(2030-2031 2047)

La Chiesa è la comunità dove il cristiano accoglie la Parola di Dio e gli insegnamenti della «Legge di Cristo» (Gal 6,2); riceve la Grazia dei Sacramenti; si unisce all'offerta eucaristica di Cristo, in modo che la sua vita morale sia un culto spirituale; apprende l'esempio di santità della Vergine Maria e dei Santi.

In questo numero si dice:

– innanzitutto che la Chiesa è una *comunità*, ovvero un insieme di persone che sono tra loro unite "sacramentalmente", e quindi nel loro nuovo essere (si tratta di una nuova "ontologia") e non appena estrinsecamente, sociologicamente, giuridicamente. Questi ultimi aspetti sono una conseguenza, non il fondamento della loro "comunione", che è situata nel loro "essere" persone umane, nella loro "antropologia".

– In questa comunità il cristiano, in quanto battezzato, è abilitato a

= "ricevere" e "comprendere" il contenuto della "Rivelazione" (*accoglie la Parola di Dio*);

= "ricevere" e "comprendere" il contenuto della "Dottrina di Cristo" trasmessa secondo la Tradizione (*gli insegnamenti della «Legge di Cristo», Gal 6,2*);

= "ricevere" e "accogliere" *la Grazia dei Sacramenti.*

– a partecipare in comunione con la Chiesa alla *all'offerta eucaristica di Cristo* (la santa Messa), traendone come frutto *che la sua vita morale sia un culto spirituale*, ovvero un'"offerta" di ogni atto libero della vita a Cristo perché Egli lo restituisca trasformato in Cristo stesso, secondo il modello dell'Eucaristia (noi offriamo pane e vino e ci viene restituito Cristo realmente presente nel Sacramento: «Noi ti offriamo le cose che ci hai dato, e tu donaci in cambio te stesso», orazione sulle offerte della Messa del 5 gennaio).

– ad avere davanti a sé l'umanità di Cristo come "esemplare" al quale chiedere di essere conformato ad opera della Grazia, secondo la realizzazione che può vedere nella Vergine Maria e nei Santi (*apprende l'esempio di santità della Vergine Maria e dei Santi*).

---

430. Perché il Magistero della Chiesa interviene nel campo morale? (2032-2040 2049-2051)

Perché è compito del Magistero della Chiesa predicare la fede da credere e da praticare nella vita. Tale compito si estende anche alle prescrizioni specifiche della legge naturale, perché la loro osservanza è necessaria per la salvezza.

Questo numero è particolarmente importante in quanto spiega i due motivi principali per i quali esiste il Magistero della Chiesa. Questi sono:

– *predicare la fede da credere*, cioè trasmettere e interpretare autenticamente la Rivelazione (*revelatum per se*) e la Dottrina di Cristo, secondo la Tradizione. Questo insegnamento è indispensabile per i cristiani, per evitare di affidarsi ad errori e arbitri e credere a dottrine non conformi al Vangelo di Cristo (eresie) o assumere posizioni contrarie alla comunione ecclesiale stessa (scismi), che non sono utili, ma dannose, per la Salvezza.

– indirizzare *anche alle prescrizioni specifiche della Legge Naturale* (*revelatum per accidens*). Questo insegnamento è dato per raggiungere tutti gli uomini, in quanto la *Legge Naturale* non è valida solo per i credenti, ma è una "legge di natura", come le leggi scoperte dalle scienze, e come tale va riconosciuta e rispettata da tutti, per il buon funzionamento della vita personale e della società civile. A questo proposito l'insegnamento della Chiesa deve essere condotto come una vera e propria sfida alle ideologie del mondo, con argomenti talmente rigorosi e stringenti da spiazzare l'interlocutore avversario, come uno che non sa che cos'è la realtà. Su questo aspetto, il Magistero culturale di san Giovanni Paolo II e Benedetto XVI, rimangono esemplari ai quali fare riferimento per proseguirne il metodo.

---

431. Quali finalità hanno i precetti della Chiesa? (2041 2048)

I cinque precetti della Chiesa hanno come fine di garantire ai fedeli il minimo indispensabile dello spirito di preghiera, della vita sacramentale, dell'impegno morale e della crescita dell'amore di Dio e del prossimo.

Con questo numero e con quello successivo si parla di quelli che, tradizionalmente, sono noti come i "cinque precetti della Chiesa". Di questi si dice che in essi si racchiude *il minimo indispensabile*

– *dello spirito di preghiera*

– *della vita sacramentale*

– *dell'impegno morale*

– *e della crescita dell'amore di Dio e del prossimo*

che si richiede a un cristiano per non essere totalmente indifferente verso la fede cattolica. Per cui il non osservarli deliberatamente, anche solo singolarmente, costituisce "peccato mortale" e richiede il pentimento e la Confessione Sacramentale, per poter accedere alla Santa Comunione.

---

432. Quali sono i precetti della Chiesa? (2042-2043)

Essi sono: 1) partecipare alla Messa la domenica e le altre feste comandate e rimanere liberi da lavori e da attività che potrebbero impedire la santificazione di tali giorni; 2) confessare i propri peccati, ricevendo il Sacramento della Riconciliazione almeno una volta all'anno; 3) accostarsi al Sacramento dell'Eucaristia almeno a Pasqua; 4) astenersi dal mangiare carne e osservare il digiuno nei giorni stabiliti dalla Chiesa; 5) sovvenire alle necessità materiali della Chiesa, ciascuno secondo le proprie possibilità.

Questo numero elenca formulandoli i "cinque precetti della Chiesa" che si è tenuti "obbligatoriamente", sotto pena di "peccato mortale" ad osservare.

Non sono quindi né facoltativi, né opinabili, costituendo "obbligo" e non appena un suggerimento. Gli enunciati sono autoesplicativi. Va aggiunta la precisazione che:

- per quanto riguarda il n. 3, per accostarsi degnamente all'Eucaristia, occorre rispettare le tre condizioni richieste, ovvero:

  (a) essere in Grazia di Dio (cioè non in stato di peccato mortale);

  (b) essere consapevoli di Colui che si va a ricevere;

  (c) essere digiuni da cibi e bevande (ad eccezione dell'acqua e dei medicinali indispensabili) da almeno un'ora;

- per quanto riguarda il n. 4

  = i giorni di digiuno (ridurre almeno la quantità di cibo di un pasto principale come mortificazione utile per fare memoria della Passione di Cristo) sono attualmente il Mercoledì delle Ceneri e il Venerdì Santo;

  = i giorni di astinenza dal mangiare carne, oltre ai due precedenti, sono tutti i venerdì del Tempo di Quaresima.

433. **Perché la vita morale dei cristiani è indispensabile per l'annunzio del Vangelo?** (2044-2046)

Perché con la loro vita conforme al Signore Gesù i cristiani attirano gli uomini alla fede nel vero Dio, edificano la Chiesa, informano il mondo con lo spirito del Vangelo e affrettano la venuta del Regno di Dio.

Anche questo numero è autoesplicativo, in quanto fa appello a quel "motivo di credibilità della fede" che è la testimonianza offerta da una condotta di vita corrispondente – almeno idealmente – a ciò che si dice di credere, professandolo pubblicamente. Se neppure tu cerchi di rispettare ciò che insegna la Chiesa, non sei credibile e la Chiesa stessa viene danneggiata nella sua credibilità.

Sezione seconda: i dieci comandamenti

Questa Seconda Sezione della III parte del *Compendio* è di fondamentale importanza per la morale e la cultura di qualsiasi forma di civiltà, in quanto è dedicata interamente alla *Legge Naturale* nella forma in cui è stata rivelata da Dio nel *Decalogo,* cioè nei *Dieci Comandamenti.* Senza questo termine di riferimento, oggi spesso disconosciuto e almeno sottovalutato anche da tanti cristiani, non c'è alcuna possibilità di realizzare una convivenza umana che possa dirsi "civile". Di seguito, prima ancora delle domande dei singoli numeri, il *Compendio* riporta i passi dell'*Esodo* e del *Deuteronomio* che contengono questa rivelazione, da parte di Dio a Mosè.

Esodo 20,2-17

Io sono il Signore tuo Dio, che ti ho fatto uscire dal paese d'Egitto, dalla condizione di schiavitù.

Non avrai altri dèi di fronte a me. Non ti farai idolo né immagine alcuna di ciò che è lassù nel cielo, né di ciò che è quaggiù sulla terra, né di ciò che è nelle acque sotto la terra. Non ti prostrerai davanti a loro e non li servirai. Perché io, il Signore, sono il tuo Dio, un Dio geloso, che punisce la colpa dei padri nei figli fino alla terza e alla quarta generazione per coloro che mi odiano, ma che dimostra il suo favore fino a mille generazioni, per coloro che mi amano e osservano i miei comandamenti.

Non pronuncerai invano il nome del Signore tuo Dio, perché il Signore non lascerà impunito chi pronuncia il suo nome invano. Ricordati del giorno di sabato per santificarlo. Sei giorni faticherai e farai ogni tuo lavoro; ma il settimo giorno è il sabato in onore del Signore, tuo Dio. Tu non farai alcun lavoro, né tu, né tuo figlio, né tua figlia, né il tuo schiavo, né la tua schiava, né il tuo bestiame, né il forestiero che dimora presso di te. Perché in sei giorni il Signore ha fatto il cielo e la terra e il mare e quanto è in essi, ma si è riposato il giorno settimo. Perciò il Signore ha benedetto il giorno di sabato e lo ha dichiarato sacro.

Onora tuo padre e tua madre perché si prolunghino i tuoi giorni nel paese che ti dà il Signore, tuo Dio.

Non uccidere.

Non commettere adulterio.

Non rubare.

Non pronunciare falsa testimonianza contro il tuo prossimo.

Non desiderare la casa del tuo prossimo. Non desiderare la moglie del tuo prossimo, né il suo schiavo, né la sua schiava, né il suo bue, né il suo asino, né alcuna cosa che appartenga al tuo prossimo.

Deuteronomio 5,6-21

> *Io sono il Signore tuo Dio che ti ho fatto uscire dal paese d'Egitto, dalla condizione servile.*
>
> *Non avere altri dèi di fronte a me...*
>
> *Non pronunciare invano il nome del Signore tuo Dio.*
>
> *Osserva il giorno di sabato per santificarlo.*
>
> *Onora tuo padre e tua madre.*
>
> *Non uccidere.*
>
> *Non commettere adulterio.*
>
> *Non rubare.*
>
> *Non pronunciare falsa testimonianza contro il tuo prossimo.*
>
> *Non desiderare la moglie del tuo prossimo. Non desiderare alcuna delle cose che sono del tuo prossimo.*

Formula catechistica

Io sono il Signore tuo Dio:

1. Non avrai altro Dio fuori di me.

2. Non nominare il nome di Dio invano.

3. Ricordati di santificare le feste.

4. Onora tuo padre e tua madre.

5. Non uccidere.

6. Non commettere atti impuri.

7. Non rubare.

8. Non dire falsa testimonianza.

9. Non desiderare la donna d'altri.

10. Non desiderare la roba d'altri.

434. «Maestro, che cosa devo fare di buono per ottenere la vita eterna?» (Mt 19,16) (2052-2054 2075-2076)

Al giovane che gli rivolge questa domanda Gesù risponde: «Se vuoi entrare nella vita, osserva i Comandamenti», e poi aggiunge: «Vieni e seguimi» (Mt 19,16.21). Seguire Gesù implica l'osservanza dei Comandamenti. La Legge non è abolita, ma l'uomo è invitato a ritrovarla nella persona del divino Maestro, che la realizza perfettamente in se stesso, ne rivela il pieno significato e ne attesta la perennità.

I *Comandamenti* che vengono proposti, come "Legge da seguire", al "giovane ricco" del Vangelo, non vanno compresi come una sorta di "obbligo convenzionale" imposto da Dio agli esseri umani, in modo arbitrario e dispotico. Questa maniera di concepire il cristianesimo sarebbe piuttosto disumana e farebbe percepire il rapporto con Dio Creatore come ingiusto e privo di amore per la creatura umana. Per di più la "legge naturale" verrebbe vissuta come un "dovere" da eseguire senza comprenderne il motivo più fondante. Il cristianesimo non è un "moralismo" del "dovere per il dovere", ma è la morale del "dovere per un bene".

Il Comandamento non è un bene solo perché viene comandato, ma al contrario viene comandato perché è un bene, e orienta al bene (non *bonum quia praeceptum,* ma al contrario, *praeceptum quia bonum*).

La "morale cristiana", rettamente concepita e vissuta, è libera dal "moralismo" in quanto è fondata su una "concezione dell'uomo" ("antropologia") e questa, a sua volta è fondata su una concezione di tutta la realtà dell'essere ("ontologia", "metafisica"). Questa è la grande intuizione che san Tommaso sa sviluppare a partire da Aristotele; e più vicino a noi, viene assunta da san Giovanni Paolo II.

Per cui i *Comandamenti* sono motivati e proposti da Cristo al giovane ricco, in quanto sono le "regole", la "istruzioni" da seguire perché la vita dell'essere umano "funzioni bene", per lo scopo per la quale è creata e mantenuta in esistenza. Questo è indicato da Gesù con l'espressione *«Se vuoi entrare nella vita»*, come motivazione della richiesta seguente: *«osserva i Comandamenti».* I *Comandamenti* non sono fine a se stessi, e tantomeno arbitrari, ma sono i "mezzi" adeguati per giungere al "fine", *«entrare nella vita»*.

435. **Come Gesù interpreta la Legge?** (2055)

Gesù la interpreta alla luce del duplice e unico Comandamento della carità, pienezza della Legge: «Amerai il Signore Dio tuo con tutto il tuo cuore, con tutta la tua anima e con tutta la tua mente. Questo è il più grande e il primo dei Comandamenti. E il secondo è simile al primo: Amerai il prossimo tuo come te stesso. Da questi due Comandamenti dipende tutta la Legge e i Profeti» (*Mt 22,37-40*).

Gesù, interrogato sul Fondamento della *Legge* ovvero dei *Comandamenti*, risponde, facendo riferimento all'*Antico Testamento* interpretato alla luce di quella "pienezza della Rivelazione" che è Lui stesso. Il Fondamento della *Legge* è l'amore supremo verso Dio che come conseguenza ha l'amore verso il prossimo.

– L'adempimento dei *Comandamenti* per un motivo diverso dall'amore verso Dio rischierebbe il "formalismo", il "legalismo" e il "doverisimo" moralistci;

– L'amore senza l'adempimento dei *Comandamenti* rischierebbe di ridursi ad un puro e semplice sentimento emotivo, ad un sentimentalismo senza conseguenze pratiche.

   = L'amore verso Dio senza amore verso quelle Sue creature che siamo noi stessi e il nostro prossimo, rischierebbe di essere una vuota parola, che non porta frutto;

   = l'amore verso il prossimo senza l'amore di Dio rischierebbe di fermarsi alla semplice solidarietà umana, ad una generosità che contempla se stessa per la soddisfazione che prova nel prodigarsi.

---

436. **Che cosa significa «Decalogo»?** (2056-2057)

Decalogo significa «dieci parole» (Es 34,28). Queste parole riassumono la Legge donata da Dio al popolo d'Israele nel contesto

*dell'Alleanza mediante Mosè. Esso, nel presentare i Comanda-
menti dell'amore di Dio (i primi tre) e del prossimo (gli altri sette), traccia, per il popolo eletto e per ciascuno in particolare, il
cammino di una vita liberata dalla schiavitù del peccato.*

Questo numero spiega il significato della parola *Decalogo*, secondo l'etimologia dal Greco, *«dieci parole»*), per designare i "Dieci
Comandamenti".

Di seguito si fa riferimento alla suddivisione di questi:

- nei "primi tre" (la cosiddetta "prima tavola" della *Legge*)
  che sono i Comandamenti con l'osservanza dei quali si attua la "virtù di religione" manifestando la "giustizia verso
  Dio", professando il Comandamento dell'amore verso Dio,
  al quale fa riferimento Gesù nel Vangelo («Amerai il Signore Dio tuo con tutto il tuo cuore, con tutta la tua anima e
  con tutta la tua mente. Questo è il più grande e il primo dei
  Comandamenti», *Mt* 22,37-38)

- e nei "restanti sette" (la cosiddetta "seconda tavola" della
  Legge) che sono i Comandamenti con l'osservanza dei quali si attua la "virtù di religione" onorando Dio attraverso la
  "giustizia verso il prossimo", professando il Comandamento dell'amore verso il prossimo, al quale fa riferimento Gesù nel Vangelo («E il secondo è simile al primo: Amerai il
  prossimo tuo come te stesso. Da questi due comandamenti
  dipendono tutta la Legge e i Profeti», *Mt* 22,39-40).

Senza il rispetto di questo *Decalogo*, ogni "legge positiva", cioè
convenzionalmente stabilita dagli uomini (comunità, Stato, ecc.)
finisce per essere "ingiusta", perché contro natura, essendo contraria alla volontà del Creatore.

437. Qual è il legame del Decalogo con l'Alleanza? (2058-2063 2077)

Il Decalogo si comprende alla luce dell' Alleanza, nella quale Dio si rivela, facendo conoscere la sua volontà. Nell'osservare i Comandamenti, il popolo esprime la propria appartenenza a Dio e risponde con gratitudine alla sua iniziativa d'amore.

Il *Decalogo* non è altro che la sintesi della *Legga Naturale* alla quale tutti i popoli possono arrivare anche con la sola "ragione", e che Dio ha "rivelato", attraverso Mosè, al popolo di Israele, facilitandone così la corretta formulazione e comprensione. Come si è già richiamato più volte si tratta, perciò, di un *revelatum per acidens,* secondo la formula di san Tommaso (*cfr., III Sent,* d. 24, q. 1, a. 2b, co).

438. Quale importanza dà la Chiesa al Decalogo? (2064-2068)

Fedele alla Scrittura e all'esempio di Gesù, la Chiesa riconosce al Decalogo un'importanza e un significato basilari. I cristiani sono obbligati ad osservarlo.

Qui la parola chiave è *basilari.* E si deve aggiungere e sottolineare che, soprattutto per questi nostri tempi, non solo *I cristiani sono obbligati ad osservarlo,* il *Decalogo,* ma esso è imprescindibile per tutti, per consentire di rendere vivibile e governabile qualsiasi forma di società umana e di organizzazione dello Stato.

439. Perché il Decalogo costituisce un'unità organica? (2069; 2079)

I dieci Comandamenti costituiscono un insieme organico e indissociabile, perché ogni Comandamento rimanda agli altri e a tutto il Decalogo. Perciò trasgredire un Comandamento è infrangere l'intera Legge.

Questo numero sottolinea l'inseparabilità dei Comandamenti del *Decalogo*, che è come una costruzione, rimuovendo dalla quale anche un solo mattone, si provoca il crollo della struttura intera. Per cui non si può passare sotto silenzio, o essere superficialmente tolleranti sotto un solo aspetto ed enfatizzare gli altri, senza provocare un grave squilibrio all'intera vita cristiana.

440. Perché il Decalogo obbliga gravemente? (2072-2073 2081)

Perché enuncia i doveri fondamentali dell'uomo verso Dio e verso il prossimo.

Questo numero è breve ed autoesplicativo. Vale la pena, sempre insistere sul fatto che il termine *obbliga* non va mai inteso come "imperativo categorico" estrinseco e convenzionale, indicante un "dovere per il dovere", ma sempre come un "dovere per conseguire un bene".

Questo è lo scopo della *Legge Naturale*.

441. È possibile osservare il Decalogo? (2074 2082)

Sì, perché Cristo, senza il quale nulla possiamo fare, ci rende capaci di osservarlo, con il dono del suo Spirito e della sua Grazia.

Un'obiezione che viene rivolta da taluni non credenti, e talvolta anche dai credenti, è che i Comandamenti – e ogni epoca e cultura tende a rifiutarne in particolare qualcuno – sono inutili, perché troppo gravosi. Sarebbero così una sorta di "ideale irraggiungibile".

Questa obiezione dimentica che – se questo è vero dopo il "peccato originale", che ha infranto il "giusto modo" di vivere e la "capacità" umana di recuperarlo da se stessi – la Redenzione attuata da Cristo, con la Sua Morte in Croce e la Sua Risurrezione, ha "ricostruito" la possibilità di accedere nuovamente a tale capacità, offrendo agli uomini che non la rifiutano la "Grazia" che ricongiunge l'uomo con Dio.

Capitolo primo
«Amerai il Signore Dio tuo con tutto il tuo cuore, con tutta la tua anima e con tutta la tua mente»

IL PRIMO COMANDAMENTO: IO SONO IL SIGNORE DIO TUO. NON AVRAI ALTRO DIO FUORI DI ME

442. Che cosa implica l'affermazione di Dio: «Io sono il Signore Dio tuo» (Es 20,2)? (2083-2094 2133-2134)

Implica per il fedele di custodire e attuare le tre virtù teologali e di evitare i peccati che vi si oppongono. La fede crede in Dio e respinge ciò che le è contrario, come ad esempio, il dubbio volontario, l'incredulità, l'eresia, l'apostasia, lo scisma. La speranza attende fiduciosamente la beata visione di Dio e il suo aiuto, evitando la disperazione e la presunzione. La carità ama Dio al di sopra di tutto: vanno dunque respinte l'indifferenza, l'ingratitudine, la tiepidezza, l'accidia o indolenza spirituale, e l'odio di Dio, che nasce dall'orgoglio.

Con questo numero inizia il capitolo che esamina i *Comandamenti* della "prima tavola", che sono quelli che riguardano esplicitamente "la giustizia verso Dio". La loro osservanza realizza "il giusto modo" di rapportarsi dell'uomo con Dio Creatore.

In particolare qui si esamina il *primo Comandamento* che si compone:

– di un'"affermazione dichiarativa" («*Io sono il Signore Dio tuo» (Es 20,2)* che asserisce perentoriamente

= l'*esistenza* di Dio

= e il suo rivelarsi come "Dio personale" («*Io*»).

– e l'*unicità* di Dio, di cui si dirà, nei prossimi numeri, che viene espressa

= in forma di "precetto" al n. 443: «*a Lui solo rendi culto*»

= e in forma di "proibizione" al n.445: *Non avrai altri dèi di fronte a me*».

Ciò che anche la "ragione" può dimostrare, pur con difficoltà ed errori ("esistenza", "unicità" di Dio) e conoscere ("attributi" divini), la Rivelazione lo descrive come un contenuto dottrinale che viene comunicato direttamente da Dio al popolo e all'umanità, attraverso Mosè.

---

443. Che cosa comporta la Parola del Signore: «Adora il Signore Dio tuo e a lui solo rendi culto» (Mt 4,10)? (2095-2105 2135-2136)

Essa comporta: adorare Dio come Signore di tutto ciò che esiste; rendergli il culto dovuto individualmente e comunitariamente; pregarlo con espressioni di lode, di ringraziamento e di supplica; offrirgli sacrifici, soprattutto quello spirituale della propria vita, in unione con il sacrificio perfetto di Cristo; mantenere le promesse e i voti a Lui fatti.

Parlando del *culto* questo numero fa riferimento a quella che tradizionalmente viene chiamata "la virtù di religione".

– Il *culto* è l'espressione "pubblica" della "religione".

– La "religione" nasce dal naturale "senso religioso" dell'essere umano che si interroga sull'origine e sul destino ("fine") di se stesso, delle persone che gli sono care e di tutto ciò che esiste.

La "religione" permette agli esseri uomani di rendersi conto che da Dio

> «tutto l'universo riceve esistenza, energia e vita»
> (*Prefazio VI delle domeniche del Tempo Ordinario*)

suscitando in loro una sorta di esigenza di "gratitudine verso Dio Creatore", che dà loro tutto questo. Di fronte a Dio, infinitamente più grande di loro, essi non sono certo in grado di restituire un dono "alla pari", ma solo un "piccolo segno" proporzionato alle loro capacità. Questo segno pubblico di riconoscenza dell'uomo verso Dio è chiamato *culto*, fino dall'antichità. (Ho approfondito queste considerazioni anche nel mio studio, *Che cos'è una religione? La concezione di Tommaso d'Aquino di fronte alle domande odierne*, Cantagalli, Siena 2006). Questo numero descrive le espressioni essenziali del *culto*.

Gesù Cristo, essendo il Figlio di Dio e, nel contempo vero uomo, sarà in grado di offrire un culto "da pari a pari" e, nella celebrazione della santa Messa darà anche a noi la possibilità di fare altrettanto, dando ai sacerdoti il potere sacramentale di "impersonarlo", operando *in Persona Christi*.

---

444. In qual modo la persona attua il proprio diritto a rendere culto a Dio nella verità e nella libertà? (2104-2109 2137)

Ogni uomo ha il diritto e il dovere morale di cercare la verità, specialmente in ciò che riguarda Dio e la sua Chiesa, e, una volta conosciuta, di abbracciarla e custodirla fedelmente, rendendo a Dio un culto autentico. Nello stesso tempo, la dignità della persona umana richiede che in materia religiosa nessuno sia forzato ad agire contro la propria coscienza, né impedito, entro i giusti limiti dell'ordine pubblico, di agire in conformità ad essa, privatamente o pubblicamente, in forma individuale o associata.

Qui si trattano fondamentalmente due temi.

– Il primo è quello del *diritto e il dovere morale di cercare la verità, specialmente in ciò che riguarda Dio e la sua Chiesa*, per cui il non farlo, per indifferenza, trascuratezza, timore di dovere fare i conti con obblighi morali, ecc., preferendo rimanere nell'"ignoranza religiosa", costituisce un forma di "ignoranza colpevole" davanti a Dio, agli altri e a se stessi.

Così si esprime san Tommaso a proposito dell'"ignoranza colpevole".

> «Questo genere di ignoranza è "voluta"
>
>> = o "direttamente", come quando uno vuole ignorare qualcosa "per scelta calcolata", per essere "più liberi" di peccare;
>>
>> = o "indirettamente", come quando uno per impegni di lavoro, o per altre occupazioni, trascura di approfondire la conoscenza di ciò che dovrebbe fare per non peccare».
>
> (*Summa Theol.*, I-II, q. 76, a. 3co)

– Il secondo tema è quello della "libertà religiosa", dove si dice che *la dignità della persona umana richiede che in materia religiosa nessuno sia forzato ad agire contro la propria coscienza, né impedito, entro i giusti limiti dell'ordine pubblico, di agire in conformità ad essa, privatamente o pubblicamente, in forma individuale o associata.*

A questo proposito il punto fondamentale è nella clausola: *contro la propria coscienza*, la quale deve essere adeguatamente formata e corretta per essere una "retta coscienza". E il non preoccuparsi di questa doverosa formazione della propria coscienza, ricadrebbe in una forma di "ignoranza colpevole".

445. Che cosa proibisce Dio quando comanda: «Non avrai altri dèi di fronte a me» (Es 20,2)? (2110-2128 2138-2140)

Questo Comandamento proibisce:

- il politeismo e l'idolatria che divinizza una creatura, il potere, il denaro, perfino il demonio;

- la superstizione, che è una deviazione del culto dovuto al vero Dio e che si esprime anche nelle varie forme di divinazione, magia, stregoneria e spiritismo;

- l'irreligione, che si esprime nel tentare Dio con parole o atti; nel sacrilegio, che profana persone o cose sacre soprattutto l'Eucaristia; nella simonia, che è la volontà di acquistare o vendere le realtà spirituali;

- l'ateismo, che respinge l'esistenza di Dio, fondandosi spesso su una falsa concezione dell'autonomia umana;

- l'agnosticismo, per cui nulla si può sapere su Dio, e che comprende l'indifferentismo e l'ateismo pratico.

Questo numero, insieme a quello successivo, esaminano la formulazione "negativa", ovvero le "proibizioni" espresse da questo *Primo Comandamento*.

Le proibizioni non sono imposte per un capriccio autoritario (questo comporterebbe un osservarle per "moralismo"), ma per il "bene essere" dell'uomo («Osserva dunque le sue leggi e i suoi comandi che oggi ti dò, perché sia felice tu e i tuoi figli dopo di te», *Deut* 4,40).

L'elenco dei divieti si spiega da se stesso. Oggi è particolarmente importante che in ciascuno di questi atti contrari alla fede cristiana nell'unico vero Dio, si nasconde il pericolo di farsi assorbire e dominare, un po' alla volta, in maniera sempre più totale, dall'azione del demonio. Non si scherza con questo pericolo, che si nasconde anche dietro alle più apparentemente ingenue forme di magia, superstizione, spiritismo, adorazione di cose e persone, dipendenza psicologica, plagio, ecc.

446. Il comando di Dio: «Non ti farai alcuna immagine scolpita...» (Es 20,3) proibisce il culto delle immagini? (2129-2132 2141)

Nell'Antico Testamento con tale comando si proibiva di rappresentare il Dio assolutamente trascendente. A partire dall'Incarnazione del Figlio di Dio, il culto cristiano delle sacre immagini è giustificato (come afferma il secondo Concilio di Nicea del 787), poiché si fonda sul Mistero del Figlio di Dio fatto uomo, nel quale il Dio trascendente si rende visibile. Non si tratta di un'adorazione dell'immagine, ma di una venerazione di chi in essa è rappresentato: Cristo, la Vergine, gli Angeli e i Santi.

Questo numero esprime, pur senza citarla direttamente la condanna dell'"iconosclasita", eresia emersa fino dall' VIII secolo, che imponeva di distruggere tutte le immagini sacre (di Cristo, della Beata Vergine Maria, dei santi, ecc.), per timore dell'idolatria.

Come qui viene spiegato, il culto delle immagini è invece da intendersi come forma di aiuto all'adorazione di Cristo che è Dio, e di venerazione della Vergine e dei santi che in esse vengono rappresentati.

Le immagini non vanno adorate o venerate in se stesse, ma come, segni che rinviano all'oggetto del culto.

La "logica dell'Incarnazione" fonda teologicamente tale culto.

Oggi il pericolo dell'idolatria e della superstizione si manifesta soprattutto come forma di "feticismo", che induce alla (quasi) adorazione di oggetti posseduti, o indumenti indossati, da personaggi mondani che vengono proposti dalla mediaticità come modelli da imitare per essere alla moda.

IL SECONDO COMANDAMENTO: NON NOMINARE
IL NOME DI DIO INVANO

447. **Come si rispetta la santità del Nome di Dio?** (2142-2149 2160-2162)

Il Nome santo di Dio si rispetta invocandolo, benedicendolo, lodandolo e glorificandolo. Vanno dunque evitati l'abuso di appellarsi al Nome di Dio per giustificare un crimine e ogni uso sconveniente del suo Nome, come la bestemmia, che per sua natura è un peccato grave; le imprecazioni e l'infedeltà alle promesse fatte nel Nome di Dio.

Abbiamo visto fino dall'inizio delle riflessioni sul *Credo,* il "peso" che la sacra Scrittura attribuisce al "nome", come alla "definizione" della persona che lo porta (*cfr.,* vol. 1, n. 38). Qui si parla del *Comandamento* che riguarda il modo di "considerare" e "trattare" addirittura il "Nome di Dio", che esige il massimo rispetto, essendo rappresentativo di Colui che designa, quasi ad indicarne la Presenza e il potere che ad esso si accompagna.

Il *Comandamento* di *non nominare il Nome di Dio invano,* per il nostro bene,

- "prescrive", di servirsi del Nome di Dio

    = *invocandolo* nella preghiera con cui si "domanda" ciò che serve per vivere secondo la "giustizia verso Dio Creatore";

    = *benedicendolo, lodandolo e glorificandolo,* soprattutto nella "liturgia" (nella santa Messa e nella Liturgia delle Ore);

- e "vieta"

    = *l'abuso di appellarsi al Nome di Dio per giustificare un crimine e ogni uso sconveniente del suo Nome, come la bestemmia, che per sua natura è un peccato grave* (mortale), che necessita di accostarsi quanto prima al Sacramento della Confessione, e di non ricevere l'Eucaristia se non dopo aver ricevuto l'assoluzione sacramentale;

= *le imprecazioni e l'infedeltà alle promesse fatte nel Nome di Dio*

Nell'*abuso* sono da includere anche inutili riferimenti, se pure fatti in modo scherzoso, al Nome di Dio.

448. Perché è proibito il falso giuramento? (2150-2151 2163-2164)

Perché così si chiama in causa Dio, che è la stessa verità, come testimone di una menzogna.

«Non giurare né per il Creatore, né per la creatura, se non con verità, per necessità e con riverenza» (sant'Ignazio di Loyola).

Anche il falso giuramento è peccato mortale che richiede la Confessione sacramentale per essere rimesso.

449. Che cos'è lo spergiuro? (2152-2155)

Lo spergiuro è fare, sotto giuramento, una promessa con l'intenzione di non mantenerla, oppure violare la promessa fatta sotto giuramento. È un peccato grave contro Dio, che è sempre fedele alle sue promesse.

Anche l'uso "abusivo" del giuramento, per confermare la veridicità di ciò che si sta dicendo, come un modo di dire abituale, va evitato, rientrando in quell'*invano* che compare nella formulazione del *Secondo Comandamento*.

IL TERZO COMANDAMENTO: RICORDATI
DI SANTIFICARE LE FESTE

450. **Perché Dio «ha benedetto il giorno di sabato e lo ha dichiarato sacro» (Es 20,11)?** (2168-2172 2189)

Perché in giorno di sabato si fa memoria del riposo di Dio nel settimo giorno della creazione, come pure della liberazione d'Israele dalla schiavitù d'Egitto e dell'Alleanza che Dio ha sancito con il suo popolo.

Con la Creazione Dio – Infinito ed eternamente presente nel Suo unico Atto, nel quale coincidono tutti i Suoi attributi e la Sua esistenza – pone in esistenza degli "esseri finiti" ("creature") nei quali occorrono "più atti distinti", per esistere e agire.

La molteplicità degli atti determina una "sequenza ordinata" di atti che definiscono la successione del loro "tempo proprio". La sacra Scrittura chiama "giorni" – in un senso lato che non coincide con i giorni che noi contiamo a partire dal moto di rotazione propria della Terra, pianeta nel quale viviamo – le unità di misura degli atti di Creazione, per come sono "visti" da parte delle creature. Questo è detto, secondo la tradizione teologica, l'"esamerone" (in greco, "sei giorni"). Il "settimo giorno" è dedicato all'"atto della quiete", detto riposo. Per analogia con queste "sei più una" epoche della storia, nacque la tradizionale misura del tempo umano in "settimane" ("sette giorni") e del giorno di riposo al settimo giorno, nella tradizione ebraica, il Sabato, nel quale ci si doveva astenere dal lavoro, ad imitazione del Creatore visto con gli occhi delle creature.

451. **Come si comporta Gesù nei confronti del sabato?** (2173)

Gesù riconosce la santità del sabato e con autorità divina ne dà l'interpretazione autentica: «Il sabato è stato fatto per l'uomo e non l'uomo per il sabato» (Mc 2,27).

Il numero è autoesplicativo. È importante che con questa affermazione («*Il sabato è stato fatto per l'uomo e non l'uomo per il sabato*», *Mc 2,27*) il Signore rimuove ogni forma di moralismo: il dovere non è fine a se stesso (dovere per il dovere; la legge per la legge), ma è fatto per conseguire un "bene", un fine superiore alla legge stessa. Bene che è il giusto riposo per la persona umana in vista di liberare il tempo dal lavoro per rendere meglio culto a Dio, santificando il giorno di festa.

---

452. Per quale motivo, per i cristiani, il sabato è stato sostituito dalla domenica? (2174-2176 2190-2191)

Perché la domenica è il giorno della Risurrezione di Cristo. Come «primo giorno della settimana» (Mc 16,2), essa richiama la prima creazione; come «ottavo giorno», che segue il sabato, significa la nuova creazione inaugurata con la Risurrezione di Cristo. E diventata così, per i cristiani, il primo di tutti i giorni e di tutte le feste: il giorno del Signore, nel quale egli, con la sua Pasqua, porta a compimento la verità spirituale del sabato ebraico ed annuncia il riposo eterno dell'uomo in Dio.

Questo numero non richiede ulteriori commenti per la chiarezza esplicita del testo con il quale si spiega, perché per il mondo cristiano è la "domenica" (*dies dominica*, ovvero "giorno del Signore") il nuovo giorno del riposo nel quale santificare la festa con il "culto" verso Dio manifestato nella celebrazione alla santa Messa.

---

453. Come si santifica la domenica? (2177-2185 2192-2193)

I cristiani santificano la domenica e le altre feste di precetto partecipando all'Eucaristia del Signore, e astenendosi anche da quelle attività che impediscono di rendere culto a Dio e turbano la letizia propria del giorno del Signore o la necessaria distensione della mente e del corpo. Sono consentite le attività legate a necessità familiari o a servizi di grande utilità sociale, purché non creino abitudini pregiudizievoli alla santificazione della domenica, alla vita di famiglia e alla salute.

Quando detto in questo numero prevede (come sarà spiegato più dettagliatamente anche in seguito parlando dei "precetti della Chiesa"):

– L'obbligo di partecipare alla santa Messa ogni domenica e ogni "festa di precetto".
  Oggi sono considerate tali dalla Chiesa:

  = oltre al Natale e alla Pasqua
  = il 1 novembre, Solennità di Tutti i Santi
  = l'8 dicembre, Solennità dell'Immacolata Concezione di Maria
  = il 1 gennaio, Solennità della Maternità divina di Maria
  = il 6 gennaio, Solennità dell'Epifania del Signore
  = il 15 agosto, Solennità dell'Assunzione di Maria
    (in Italia l'Ascensione del Signore e il *Corpus Domini* che un tempo si celebravano di giovedì, sono state spostate alla domenica successiva)

– l'obbligo di astenersi dal lavoro retribuito (un tempo detto "servile") nelle domeniche e nelle feste di precetto, in ossequio al "riposo del settimo giorno" del Signore. Oggi quest'obbligo è in parte disatteso, in una società scristianizzata che obbliga molte persone al lavoro in giorno festivo, più che vera necessità sociale (come per taluni servizi pubblici e sanitari), per la logica del profitto.
  Per venire, comunque incontro alla possibilità di adempiere al Comandamento di *santificare le feste,* la Chiesa ha previsto la celebrazione delle "Messe prefestive", tenendo conto che, per la liturgia ogni Domenica e ogni Solennità inizia con la celebrazione dei "Primi Vespri" nel tardo pomeriggio del giorno precedente ("vigilia").

454. Perché è importante riconoscere civilmente la domenica come giorno festivo? (2186-2188 2194-2195)

Perché a tutti sia data la reale possibilità di godere di sufficiente riposo e di tempo libero che permettano loro di curare la vita religiosa, familiare, culturale e sociale; di disporre di un tempo propizio per la meditazione, la riflessione, il silenzio e lo studio; di dedicarsi alle opere di bene, in particolare a favore dei malati e degli anziani.

Nei primi secoli cristiani l'obbligo di santificare le feste, unitamente al moltiplicarsi del numero delle feste di precetto, era basato anche sull'esigenza sociale di attenuare la fatica del lavoro degli schiavi. Così, i loro padroni, convertitisi al cristianesimo, ebbero l'obbligo di modificare progressivamente il concetto stesso di schiavitù adeguando il rapporto tra schiavo e padrone alla nozione, prima sconosciuta, di persona, che ha uguale dignità per ogni essere umano. In questo modo la schiavitù, come condizione sociale fu gradualmente superata e abolita. Nel mondo scristianizzato dei nostri tempi la schiavitù sta, di fatto, ricomparendo come forma di sfruttamento di non poche categorie di persone sottoposte a lavori pesanti e male remunerati.

Capitolo secondo
«Amerai il prossimo tuo come te stesso»

IL QUARTO COMANDAMENTO: ONORA TUO PADRE
E TUA MADRE

455. Che cosa comanda il quarto Comandamento? (2196-2200 2247-2248)

Esso comanda di onorare e rispettare i nostri genitori e coloro che Dio, per il nostro bene, ha rivestito della sua autorità.

Quando una società arriva a non essere più sensibile ad un *Comandamento* elementare come questo, così che viene meno, da parte delle giovani generazioni, qualsiasi forma di rispetto e di cura verso i genitori e gli anziani, e i genitori non sono più in grado di educare i figli a questo, essa è prossima alla propria fine. Perché perdendo il rispetto e il senso per la propria storia e la propria origine, non sa più neppure come orientarsi nel presente in vista del futuro. La famiglia intera ne risente, sfaldandosi progressivamente, modificando abusivamente la propria natura.

Si tratta, infatti, di uno dei *Comandamenti* più "naturali", che presso tutti i popoli sono stati percepiti come evidenti. Nella cultura della Roma latina esso rientrava in quella che si chiamava la "pietà verso i genitori" (*pietas erga parentes*), dove il termine "pietà" non aveva tanto il senso negativo di "compassione" o "commiserazione", quanto quello di "rispetto" e "venerazione", pieni di gratitudine. A questo rispetto che si prende cura di chi ti ha trasmesso la vita e ora ha bisogno di assistenza si affiancava, per estensione, la "pietà verso la patria" (*pietas erga patriam*), il rispetto verso la patria, il senso della nazione, della propria identità e cultura.

Questo *Comandamento* riassume, per estensione, anche tutto questo.

---

456. **Qual è la natura della famiglia nel piano di Dio?** (2201-2205 2249)

Un uomo e una donna uniti in matrimonio formano insieme ai loro figli una famiglia. Dio ha istituito la famiglia e l'ha dotata della sua costituzione fondamentale. Il matrimonio e la famiglia sono ordinati al bene degli sposi, e alla procreazione e all'educazione dei figli. Tra i membri di una stessa famiglia si stabiliscono relazioni personali e responsabilità primarie. In Cristo la famiglia diventa Chiesa domestica, perché è comunità di fede, di speranza e di amore.

Questo numero, insieme al successivo, sviluppa ciò che la Rivelazione – che conferma e chiarisce quanto in proposito comprende una sana "ragione", coltivata in una "cultura" sociale non corrotta – insegna a proposito della natura della famiglia. Queste indicazioni non sono facoltative per i non credenti e vincolanti solo per i credenti, ma rispondono ad una "legge di natura" che è identica per tutti gli esseri umani. Il negarla distrugge progressivamente la realtà delle cose, la vivibilità dell'esistenza individuale e sociale.

Ciò che si aggiunge agli occhi dei credenti, viene spiegato nell'ultima frase di questo numero, dove si dice che *in Cristo la famiglia diventa Chiesa domestica, perché è comunità di fede, di speranza e di amore.*

---

457. Quale posto occupa la famiglia nella società? (2207-2208)

La famiglia è la cellula originaria della società umana e precede qualsiasi riconoscimento da parte della pubblica autorità. I principi e i valori familiari costituiscono il fondamento della vita sociale. La vita di famiglia è un'iniziazione alla vita della società.

Anche quanto viene detto in questo numero risponde alla realtà delle cose, ed è un dato di fatto, una legge valida per tutti. Solo in una società corrotta e disumana può essere negato e addirittura violato dalla legislazione. La Rivelazione, semplicemente lo comunica e lo conferma.

---

458. Quali doveri ha la società nei confronti della famiglia? (2209-2213 2250)

La società ha il dovere di sostenere e consolidare il matrimonio e la famiglia, nel rispetto anche del principio di sussidiarietà. I pubblici poteri devono rispettare, proteggere e favorire la vera natura del matrimonio e della famiglia, la morale pubblica, i diritti dei genitori e la prosperità domestica.

Questo *Comandamento,* in quanto espressione di una "legge di natura", come può esserlo una legge scientifica, comporta dei doveri anche per la società civile e lo Stato, che devono in ogni modo favorire, sostenere anche economicamente, giuridicamente, gli istituti del matrimonio e della famiglia, così come la nature li definisce. Viene fatto riferimento in proposito al *principio di sussidiarietà.* Quest'ultimo afferma che lo Stato, così come ogni altra istituzione pubblica costituita, o centro di potere (politico, economico, culturale o ideologico), non deve sostituirsi necessariamente all'iniziativa privata del singolo, o delle spontanee aggregazioni di persone (società di "livello intermedio"), che si dimostrano in grado di dare risposte concrete a bisogni e problemi, a vantaggio di tutti e senza danni per qualcuno. Ciò riguarda in primo luogo l'educazione dei figli, la loro formazione umana, culturale e religiosa.

La "sussidiarietà" deve concretizzarsi come forma di "aiuto" anche economico e non come forma di "sostituzione" delle libere aggregazioni da parte dello Stato.

Come tale è da rifiutare ogni forma di "statalismo" che imponga la violazione di tale diritto. In proposito, così si esprime il *Compendio di Dottrina sociale della Chiesa,* citando l'enciclica *Qaudragesimo anno* di Pio XI.

> «Siccome è illecito togliere agli individui ciò che essi possono compiere con le forze e l'industria propria per affidarlo alla comunità, così è ingiusto rimettere a una maggiore e più alta società quello che dalle minori e inferiori comunità si può fare.
>
> Ed è questo insieme un grave danno e uno sconvolgimento del retto ordine della società; perché l'oggetto naturale di qualsiasi intervento della società stessa è quello di *aiutare* in maniera suppletiva le membra del corpo sociale, non già distruggerle e assorbirle» (n. 186).

459. **Quali sono i doveri dei figli verso i genitori?** (2214-2220 2251)

Verso i genitori, i figli devono rispetto (pietà filiale), riconoscenza, docilità e obbedienza, contribuendo così, anche con le buone relazioni tra fratelli e sorelle, alla crescita dell'armonia e della santità di tutta la vita familiare. Qualora i genitori si trovassero in situazioni di indigenza, di malattia, di solitudine o di vecchiaia, i figli adulti debbono loro aiuto morale e materiale.

Ciò che questo numero che, di per sé è autoesplicativo, può essere realizzato da parte dei figli verso i genitori e, più in generale, verso la società, se essi sono stati messi in grado di rendersi conto che da tale atteggiamento di rispetto, deriva un bene anche per loro stessi e dal rifiutarli deriva, alla fine, un danno irreparabile. Questa presa di consapevolezza nei figli può essere indotta solo da una corrispondente adeguata educazione ad opera dei genitori, della scuola, della comunità religiosa, che sia in grado di superare la visione deviata imposta dalle diverse forme di potere prevaricante presente nel mondo circostante. Il vero problema del nostro mondo attuale è causato dalla forza prevaricante di tale potere.

460. **Quali sono i doveri dei genitori verso i figli?** (2221-2231)

Partecipi della paternità divina, i genitori sono per i figli i primi responsabili dell'educazione e i primi annunciatori della fede. Essi hanno il dovere di amare e di rispettare i figli come persone e come figli di Dio, e di provvedere, per quanto possibile, ai loro bisogni materiali e spirituali, scegliendo per loro una scuola adeguata e aiutandoli con prudenti consigli nella scelta della professione e dello stato di vita. In particolare hanno la missione di educarli alla fede cristiana.

Anche questo numero non necessita di ulteriori chiarimenti, essendo già da se stesso chiaro e completo.

Si deve constatare la sempre crescente difficoltà, nei nostri anni, a realizzare questa educazione umana e cristiana, con la trasmissione dei fondamenti di una concezione di sé seriamente ragionevole e cristiana. Ciò è sicuramente dovuto:

– in gran parte alla pressione del potere, esercitata sia culturalmente, che attraverso comportamenti distorti indotti dai contenuti immessi negli strumenti mediatici, informatici e telematici, oltre a quelli scolastici;

– ma anche ad una insufficiente solidità umana e cristiana nella concezione e nella pratica di vita dei genitori e degli educatori in genere, compresi gli ambienti ecclesiali.

A queste carenze "istituzionali" vengono in soccorso, là dove sono presenti, e dove vengono incontrati al momento giusto, i carismi che lo Spirito Santo suscita nella vita della Chiesa, che possono anche dar vita a movimenti, piccoli gruppi di formazione, e comunità religiose e di fedeli laici che educano ad un'autentica esperienza cristiana.

461. **Come i genitori educano i loro figli alla fede cristiana?** (2252-2253)

Principalmente con l'esempio, la preghiera, la catechesi familiare e la partecipazione alla vita ecclesiale.

Certamente un genitore trasmette ciò che vive e ciò che insegna è tanto più efficace quanto più è vissuto e impersonato da lui. Una famiglia nella quale si "vede" la centralità di Cristo non può non avere un effetto educativo che segna per tutta la vita. La libertà, per i figlio di poter parlare insieme di tutto con i genitori, i nonni, i fratelli e le sorelle, in casa; il ricevere risposte ragionevolmente pesate, il vedere come Cristo "conta" nella vita di casa, è l'esempio più incisivo e fondamentale.

462. I legami familiari sono un bene assoluto? (2232-2233)

I vincoli familiari, sebbene importanti, non sono assoluti perché la prima vocazione del cristiano è di seguire Gesù, amandolo: «Chi ama il padre o la madre più di me, non è degno di me; chi ama la figlia o il figlio più di me, non è degno di me» (Mt 10,37). I genitori devono favorire con gioia la sequela di Gesù da parte dei loro figli, in ogni stato di vita, anche nella vita consacrata o nel ministero sacerdotale.

Qui occorre precisare che la sequela di Cristo non va intesa come contrapposta all'amore per "quelli di casa", ma come "fondamento" di quel bene. L'affermazione di Gesù: *«Chi ama il padre o la madre più di me, non è degno di me»* significa esattamente questo: se vuoi che l'amore in famiglia si sostenga stabilmente, attraversando ogni fatica e difficoltà, hai bisogno di avere come fondamento e centro della vita, Cristo stesso. E questo vale anche

– per la "vocazione" a formare una nuova famiglia da parte dei figli;

– o per una loro vocazione alla verginità o al celibato nella vita religiosa e/o sacerdotale.

463. Come va esercitata l'autorità nei vari ambiti della società civile? (2234-2237 2254)

Va sempre esercitata come un servizio, rispettando i diritti fondamentali dell'uomo, una giusta gerarchia dei valori, le leggi, la giustizia distributiva e il principio di sussidiarietà. Ognuno, nell'esercizio dell'autorità, deve ricercare l'interesse della comunità anziché il proprio, e deve ispirare le sue decisioni alla verità su Dio, sull'uomo e sul mondo.

Dopo avere trattato del *Quarto Comandamento* sotto l'aspetto proprio legato alla *pietas erga parentes*, nei numeri che seguono si esaminano le conseguenze che da esso derivano in ordine alla *pietas erga patriam,* ovvero in ordine ad una giusta convivenza civile nella società.

Per estensione ciò che vale nei rapporti tra genitori e figli, nell'ambito della famiglia, deve fondarsi su principi di *verità* e di *giustizia* anche nei rapporti tra chi ha funzione di *autorità* e i membri della *comunità* civile. In particolare chi governa deve creare le condizioni per cui a ciascuno sia dato il suo, ovvero ciò che favorisce una vita vivibile in modo giusto. Questa la *giustizia distributiva.*

Chiaramente una società che funzioni richiede il riconoscimento

- dell'esistenza di Dio, come principio della *verità* e della *giustizia*;
- e della *Legge morale naturale.*

Tanto più la cultura di una società e di chi la governa si allontanano da questo riconoscimento, tanto meno la società risulterà "vivibile" e "governabile", finendo per piombare nella dittatura o nell'anarchia; o in una sorta di fusione di entrambe.

464. Quali sono i doveri dei cittadini nei confronti delle autorità civili? (2238-2241 2255)

Coloro che sono sottomessi all'autorità devono considerare i loro superiori come rappresentanti di Dio, offrendo loro leale collaborazione per il buon funzionamento della vita pubblica e sociale. Ciò comporta l'amore e il servizio della patria, il diritto e il dovere di voto, il versamento delle imposte, la difesa del paese e il diritto a una critica costruttiva.

Così come si è parlato di doveri dei genitori verso i figli e di doveri dei figli verso i genitori, analogamente, dal *Quarto Comandamento* derivano doveri dell'"autorità civile" verso la comunità affidata al suo governo e doveri dei "cittadini" nei confronti delle "autorità civili". A questi ultimi è dedicato questo numero.

Senza sottintenderlo si fa riferimento esplicito a Dio, origine e legittimazione di ogni forma di autorità, sia domestica che politica. In alcuni stati sono rimaste le ultime tracce di questo riferimento a Dio, mentre nei cosiddetti "Stati laici" esse sono state volutamente soppresse, per cui di Dio si fa obbligo di non parlare in riferimento alla vita civile. Di conseguenza, però, il *il buon funzionamento della vita pubblica e sociale* è gravemente compromesso, quando, nei fatti, non diviene impossibile.

465. Quando il cittadino non deve obbedire alle autorità civili? (2242-2243 2256)

Il cittadino non deve in coscienza obbedire quando le leggi delle autorità civili si oppongono alle esigenze dell'ordine morale: «Bisogna obbedire a Dio piuttosto che agli uomini» (At 5,29).

Dal riferimento a Dio e alla *Legge Naturale* dei numeri precedenti, viene di conseguenza il contenuto di questo numero che invalida il valore obbligante di una legge che, esplicitamente, si oppone alla *Legge Naturale* eludendola o addirittura contraddicendola, in nome di una presunta maggiore libertà dell'individuo.

San Tommaso parla, in questo caso, di una legge che non ha valore di legge essendo, piuttosto, una forma di

«corruzione della legge (*legis corruptio*)»
(*Summa Theol.*, I-II, q. 95, a. 2co).

È doverosa in questi casi l'"obiezione di coscienza", ogni volta che sia possibile.

Non mancano anche scelte eroiche che comportano forme punitive e repressive gravi da parte del potere costituito, quando questo non implica un danno grave per la propria famiglia, o le persone che sono affidate al singolo cittadino.

IL QUINTO COMANDAMENTO: NON UCCIDERE

466. **Perché la vita umana va rispettata?** (2258-2262 2318-2320)

Perché è sacra. Fin dal suo inizio essa comporta l'azione creatri- ce di Dio e rimane per sempre in una relazione speciale con il Crea- tore, suo unico fine. A nessuno è lecito distruggere direttamente un essere umano innocente, essendo ciò gravemente contrario al- la dignità della persona e alla santità del Creatore. «Non far morire l'innocente e il giusto» (Es 23,7).

La vita di ogni essere umano *è sacra*. Questa sintetica afferma- zione merita una spiegazione più dettagliata.

Se ogni creatura, in quanto riceve originariamente e nel tempo della sua durata, l'esistenza e la conservazione del suo essere da Dio Creatore – e come tale merita rispetto e non va "inutilmente" sacrificata se non per un fine ad essa superiore – la vita della crea- tura umana esiste in vista di un esistenza destinata all'"eternità". Ed è questo il suo "fine superiore".

A differenza delle creature angeliche, che sono incorporee ("puri spiriti") e, come tali sono immortali per la loro stessa natura – non potendo subire la separazione tra lo spirito che hanno e il corpo che non hanno – gli esseri umani, in quanto possiedono un cor- po informato organizzativamente da un'anima spirituale immorta- le, possono subire quella separazione dell'anima dal corpo a tutti nota come "morte". Prima del peccato originale, in forza di un "dono preternaturale" (che cioè superava le possibilità della loro stessa natura) ad essi era evitata tale separazione. In conseguenza della perdita della "giustizia originale", la morte è entrata nella vita dell'uomo, che la subisce avvertendola, di conseguenza co- me un'"ingiustizia". In forza del *Quinto Comandamento* l'uomo è tenuto a rispettare il destino eterno della vita propria e altrui e a non rompere l'unità dell'anima con il corpo con un ulteriore "atto ingiusto", che si aggiunga allo stato di "ingiustizia" conseguente al "peccato originale".

467. Perché la legittima difesa delle persone e delle società non va contro tale norma? (2263-2265)

Perché con la legittima difesa si attua la scelta di difendersi e si valorizza il diritto alla vita, propria o altrui, e non la scelta di uccidere. La legittima difesa, per chi ha responsabilità della vita altrui, può essere anche un grave dovere.

Tuttavia, essa non deve comportare un uso della violenza maggiore del necessario.

Con la *legitima difesa* non si intende "primariamente" e "direttamente" interrompere la vita dell'aggressore provocandone la morte, ma difendere il bene della propria vita o, doverosamente di quella altrui, anche se questo può comportare "indirettamente come conseguenza" la sua morte. Nel fare questo va evitato ogni eccesso.

La legittima difesa, "in linea di principio", non riguarda solamente la singola persona, ma anche lo Stato, che può come tale anche comminare la pena di morte a chi ha commesso un reato gravissimo. "In pratica", però è estremamente difficile esercitare un tale potere e gli Stati socialmente più evoluti ormai evitano di farlo, per legge, comminando una pena alternativa anche grave.

468. A che serve una pena? (2266)

Una pena, inflitta da una legittima autorità pubblica, ha lo scopo di riparare il disordine introdotto dalla colpa, di difendere l'ordine pubblico e la sicurezza delle persone, di contribuire alla correzione del colpevole.

Questo numero è autoesplicativo. La difficoltà più grande che si riscontra oggi, in mancanza di un riconoscimento di una *Legge Naturale* condivisa da tutti, è quello di concordare su ciò che è bene e ciò che è male, con la conseguenza di avere legislazioni troppo severe nei regimi dittatoriali e troppo permissive negli stati democratici; e troppo spesso in contrasto con i *Comandamenti* che definiscono in maniera oggettiva tale differenza.

---

469. **Quale pena si può infliggere?** (2267)

La pena inflitta deve essere proporzionata alla gravità del delitto. Oggi, a seguito delle possibilità di cui lo Stato dispone per reprimere il crimine rendendo inoffensivo il colpevole, i casi di assoluta necessità di pena di morte «sono ormai molto rari, se non addirittura praticamente inesistenti» (Evangelium vitae). Quando i mezzi incruenti sono sufficienti, l'autorità si limiterà a questi mezzi, perché questi corrispondono meglio alle condizioni concrete del bene comune, sono più conformi alla dignità della persona e non tolgono definitivamente al colpevole la possibilità di redimersi.

Questo numero spiega quanto anticipato commentando il numero precedente. Rimane il fatto che la pena di morte, pur non essendo più prevista in molte legislazioni, o comunque normalmente non applicata, rimane legittima come principio, come forma di legittima difesa dell'intera comunità civile, analogamente alla legittima difesa personale.

---

470. **Che cosa proibisce il quinto Comandamento?** (2268-2283 2321-2326)

Il quinto Comandamento proibisce come gravemente contrari alla legge morale:

- *l'omicidio diretto e volontario, e la cooperazione ad esso;*
- *l'aborto diretto, voluto come fine o come mezzo, nonché la cooperazione ad esso, pena la scomunica, perché l'essere umano, fin dal suo concepimento, va rispettato e protetto in modo assoluto nella sua integrità;*

*– l'eutanasia diretta, che consiste nel mettere fine, con un at-
to o l'omissione di un'azione dovuta, alla vita di persone
handicappate, ammalate o prossime alla morte;*

*– il suicidio e la cooperazione volontaria ad esso, in quanto
è un'offesa grave al giusto amore di Dio, di sé e del prossimo: quanto alla responsabilità, essa può essere aggravata
in ragione dello scandalo o attenuata da particolari disturbi
psichici o da gravi timori.*

Questo numero è particolarmente importante in quanto, sia a partire dalla *Legge Naturale,* che dalla Rivelazione, identifica, elen-
candoli, i più gravi peccati contro la vita umana, come "peccati
mortali" di estrema gravità. Ed è autoesplicativo nel chiarire il
motivo della gravità di ciascuno. Questi delitti

– rompono gravemente la "giustizia con Dio Creatore", negando la carità e richiedono

= la Confessione sacramentale e revoca dalla scomunica
se vi si è incorsi, e relativa penitenza, per essere riparati
presso Dio

= ed essere riammessi a ricevere la santa Comunione

– una condanna e una pena giudiziaria da scontare, stabilita
dai tribunali umani, presso le strutture penitenziarie previste.

---

471. Quali procedure mediche sono consentite, quando la morte è considerata imminente? (2278-2279)

*Le cure che d'ordinario sono dovute ad una persona ammala-
ta non possono essere legittimamente interrotte. Sono legittimi
invece l'uso di analgesici, non finalizzati alla morte, e la rinun-
cia «all'accanimento terapeutico», cioè all'utilizzo di procedure mediche sproporzionate e senza ragionevole speranza di esito
positivo.*

In questo numero si dànno indicazioni generali in merito al comportamento da tenere in relazione alle cure mediche da utilizzare e alle procedure incompatibili con la visione cristiana della persona umana. Indicazioni più dettagliate, quando necessarie, vengono data di volta in volta, da documenti specifici del Magistero o di appositi organismi della Santa Sede, tenendo conto dei risultati più recenti delle discipline mediche. I numeri successivi precisano esplicitamente che sono da escludere, come omicidi, l'aborto e l'eutanasia in quanto finalizzati "direttamente" ("positivamente") ad uccidere una persona umana, che deve essere considerata e rispettata come tale dal concepimento alla morte.

472. Perché la società deve proteggere ogni embrione? (2273-2274)

Il diritto inalienabile alla vita di ogni individuo umano, fin dal suo concepimento, è un elemento costitutivo della società civile e della sua legislazione. Quando lo Stato non mette la sua forza al servizio dei diritti di tutti e in particolare dei più deboli, tra i quali i concepiti ancora non nati, vengono minati i fondamenti stessi di uno Stato di diritto.

Questo numero ribadisce il principio inalienabile del rispetto della vita umana dal concepimento alla morte naturale (cioè non inferta volontariamente dagli uomini) e dichiara colpevole ogni Stato che agisca contraddicendo questo principio, in quanto contrario al *Quinto Comandamento*. Se è vero che poco si può fare contro il potere del mondo che prevede, come fosse un diritto civile fondamentale, ciò che è gravemente contrario dalla *Legge Naturale*, è ancora più vero il dato di fatto che uno Stato e un mondo che si basa su tale negazione, e si vanta di averla realizzata, è destinato ad autodistruggersi, sia per il progressivo ridursi della sua popolazione, che per l'invivibilità e ingovernabilità che aumentano progressivamente al suo interno, a causa dell'antropologia disumana che ne ispira la cultura e la legislazione.

473. Come si evita lo scandalo? (2284-2287)

Lo scandalo, che consiste nell'indurre altri a compiere il male, si evita rispettando l'anima e il corpo della persona. Se deliberatamente si induce altri a peccare gravemente, si commette una colpa grave.

Questo numero si riferisce, in particolare, allo *scandalo* che deriva dell'indurre altri

– "direttamente", cercando di convincerli a commettere un delitto contro la vita, in particolare con l'aborto, l'eutanasia e attività connesse;

– "indirettamente", con legislazioni permissive in tal senso.

Tali operazioni contribuiscono al diffondersi di una cultura che favorisce una mentalità diffusa che "normalizza" tali atti contro il *Quinto Comandamento*; così che la riprovazione e il senso di *scandalo* che inizialmente esse ingenerano, si indeboliscano progressivamente con il passare del tempo, fino a spegnersi completamente.

474. Quale dovere abbiamo verso il corpo? (2288-2291)

Dobbiamo avere una ragionevole cura della salute fisica, propria ed altrui, evitando tuttavia il culto del corpo e ogni sorta di eccessi. Vanno inoltre evitati l'uso di stupefacenti, che causano gravissimi danni alla salute e alla vita umana, e anche l'abuso dei cibi, dell'alcool, del tabacco e dei medicinali.

Quanto viene detto in questo numero è sufficientemente chiaro. Si può precisare che i comportamenti suggeriti come un "dovere" e quelli indicati come una "proibizione", derivanti dal *Quinto Comandamento*, in ordine al rispetto e alla cura del proprio corpo, rientrano in quello che è una sana "razionalità" nel considerarlo e nel comportarsi nei suoi riguardi.

Dal momento che anche il "giusto modo" di rapportarsi dell'anima rispetto al corpo, e viceversa, è stato compromesso con la "perdita della giustizia originale" ("peccato originale"), ne deriva che il "dominio delle passioni" da parte della "ragione", non è assoluto, ma condizionato da fattori che divengono incontrollabili, se si va oltre certi limiti.

San Tommaso parla, a questo proposito, di "dominio politico" della ragione sulle passioni, diversamente dal "dominio dispotico" che essa ha nei confronti, ad esempio, del movimento degli arti (braccia, gambe, ecc.) che possiamo gestire direttamente con la volontà.

> «La ragione presiede all'irascibile, e al concupiscibile [cioè alle passioni]
>
> – non mediante un dominio *dispotico,* qual è quello del padrone sullo schiavo;
>
> – ma mediante un dominio *politico* o regale, qual è quello su uomini liberi, che non sottostanno pienamente al comando (*ratio praeest irascibili et concupiscibili non principatu despotico, qui est domini ad servum; sed principatu politico aut regali, qui est ad liberos, qui non totaliter subduntur imperio*)».
>
> (*Summa Theol.,* I-II, q. 17, a. 7co)

---

475. **Quando sono moralmente legittime le sperimentazioni scientifiche, mediche o psicologiche, sulle persone o sui gruppi umani?** (2292-2295)

Sono moralmente legittime se sono a servizio del bene integrale della persona e della società, senza rischi sproporzionati per la vita e l'integrità fisica e psichica dei soggetti, opportunamente informati e consenzienti.

Qui si indica un "principio universale" per regolarsi in merito alla compatibilità tra una concezione cristiana della vita e della persona umana e le sperimentazioni *scientifiche, mediche o psicologiche, sulle persone o sui gruppi umani.* Vengono indicati come criteri di "legittimità" quelli

- del *bene integrale della persona e della società*
- e quello dell'evitare *rischi sproporzionati per la vita e l'integrità fisica e psichica dei soggetti* i quali devono essere sempre *opportunamente informati e consenzienti.*

Una "specificazione" di questi criteri generali viene data nei numeri successivi, lasciando, inevitabilmente ad ulteriori documenti, sia del Magistero che dei dicasteri competenti, di esprimersi in merito alle quelle possibilità che le scienze potranno mettere a punto in futuro.

Rimane, comunque, la "patologia" di fondo del nostro mondo contemporaneo che, avendo rimosso la *Legge Naturale,* non ha più criteri di riferimento oggettivi per distinguere il bene dal male.

---

476. **Sono consentiti il trapianto e la donazione di organi, prima e dopo la morte?** (2296)

Il trapianto di organi è moralmente accettabile col consenso del donatore e senza rischi eccessivi per lui. Per il nobile atto della donazione degli organi dopo la morte deve essere pienamente accertata la morte reale del donatore.

Questo numero dichiara la legittimità del trapianto di organi da vivente o dopo la morte. Occorre, in quest'ultimo caso che sia *pienamente accertata la morte reale del donatore.* Di conseguenza deve essere chiara la "definizione" del momento della morte, che finora è stato identificato con il momento della cessazione del battito cardiaco, che garantisce, mettendo "dal lato del sicuro", anche contro i rischi di assumere il criterio, più ampio, della cosiddetta "morte cerebrale".

In problemi di scelte rischiose è buona norma morale mettersi sempre "dal lato del sicuro".

477. **Quali pratiche sono contrarie al rispetto dell'integrità corporea della persona umana?** (2297-2298)

Esse sono: i rapimenti e i sequestri di persona, il terrorismo, la tortura, le violenze, la sterilizzazione diretta. Le amputazioni e le mutilazioni di una persona sono moralmente consentite solo per indispensabili fini terapeutici della medesima.

Qui si elencano le pratiche *contrarie al rispetto dell'integrità corporea della persona umana.* Se in futuro dovessero aggiungersene altre, rese possibili da nuovi comportamenti umani dovuti a nuove tecnologie, potranno essere aggiunte o specificate in specifici documenti del Magistero o di un dicastero competente della Santa Sede.

478. **Quale cura si deve avere per i moribondi?** (2299)

I moribondi hanno diritto a vivere con dignità gli ultimi momenti della loro vita terrena, soprattutto con il sostegno della preghiera e dei Sacramenti che preparano all'incontro con il Dio vivente.

La possibilità di ricevere i Sacramenti, in punto di morte, ai nostri giorni è resa sempre più difficoltosa, per ragioni legali, politiche e sanitarie. Per questo è saggio essere sempre pronti ricevendo regolarmente l'assoluzione sacramentale accostandosi regolarmente alla Confessione e ricevendo l'Unzione degli Infermi prima di interventi chirurgici rischiosi e cure mediche legate a malattie gravi.

479. Come devono essere trattati i corpi dei defunti? (2300-2301)

I corpi dei defunti devono essere trattati con rispetto e carità. La loro cremazione è permessa se attuata senza mettere in questione la fede nella risurrezione dei corpi.

Il culto dei morti è documentato fino dai primi momenti di esistenza dell'uomo sulla terra, già ben prima del cristianesimo e presso tutte le civiltà.

A maggior ragione, in ambito cristiano, il *rispetto e carità* suggeriscono di far celebrare sante Messe in suffragio dei defunti, le visite ai cimiteri con la custodia e la cura delle tombe.

Oltre alla inumazione, la *cremazione è permessa*, a condizione che le ceneri vengano custodite in luogo consacrato, come la tomba di famiglia e non in casa, o disperse nell'ambiente (mare, fiumi, aria aperta, ecc.), secondo modalità naturalistiche e panteistiche contrarie alla *fede nella risurrezione dei corpi.*

480. Che cosa chiede il Signore ad ogni persona a riguardo della pace? (2302-2303)

Il Signore, che proclama «beati gli operatori di pace» (Mt 5,9), chiede la pace del cuore e denuncia l'immoralità dell'ira, che è desiderio di vendetta per il male ricevuto, e dell'odio, che porta a desiderare il male per il prossimo. Questi atteggiamenti, se volontari e consentiti in cose di grande importanza, sono peccati gravi contro la carità.

In questo numero si precisa, molto opportunamente, che la pace, anche quella tra popoli e nazioni a livello internazionale, oltre alla pace sociale internamente ad ogni comunità nazionale o locale, ha una radice più profonda della semplice assenza di guerra. E che anche quest'ultima non si raggiunge e non si mantiene nel tempo, se non si fonda sull'essere in pace con se stessi perché si è in pace con Dio (*la pace del cuore*). Il non riconoscimento della "giustizia" con Dio Creatore è il più grande problema del mondo a noi contemporaneo.

481. Che cos'è la pace nel mondo? (2304-2305)

La pace nel mondo, la quale è richiesta per il rispetto e lo sviluppo della vita umana, non è semplice assenza della guerra o equilibrio di forze contrastanti, ma è «la tranquillità dell'ordine» (sant'Agostino), «frutto della giustizia» (Is 32,17) ed effetto della carità. La pace terrena è immagine e frutto della pace di Cristo.

Questo numero esprime quanto già detto a commento del numero precedente, ribadendo che la pace è *«frutto della giustizia» (Is 32,17) ed effetto della carità*, e la giustizia umana si fonda sulla "giustizia nel rapporto con Dio Creatore".

482. Che cosa richiede la pace nel mondo? (2304 2307-2308)

Essa richiede l'equa distribuzione e la tutela dei beni delle persone, la libera comunicazione tra gli esseri umani, il rispetto della dignità delle persone e dei popoli, l'assidua pratica della giustizia e della fratellanza.

Quanto qui elencato, descrivendo le condizioni sociali per dare corpo alla pace nel popolo e tra i popoli, è frutto della "giustizia tra l'uomo e Dio Creatore".

483. Quando è moralmente consentito l'uso della forza militare? (2307-2310)

L'uso della forza militare è moralmente giustificato dalla presenza contemporanea delle seguenti condizioni: certezza di un durevole e grave danno subìto; inefficacia di ogni alternativa pacifica; fondate possibilità di successo; assenza di mali peggiori, considerata l'odierna potenza dei mezzi di distruzione.

Quanto qui elencato per l'ammissibilità dell'uso della *forza militare*, vale, chiaramente, in ordine alla "difesa" della società civile e della nazione e non in vista di un'aggressione.

484. In caso di minaccia di guerra, a chi spetta la valutazione rigorosa di tali condizioni? (2309)

Essa spetta al giudizio prudente dei governanti, cui compete anche il diritto di imporre ai cittadini l'obbligo della difesa nazionale, fatto salvo il diritto personale all'obiezione di coscienza, da attuarsi con altra forma di servizio alla comunità umana.

Qui viene indicata la linea di comportamento da tenere dai governanti in caso si presenti la necessità di una difesa bellica della nazione da parte dello Stato. La soluzione non pare poter essere l'antimiltarismo estremo o la smilitarizzazione unilaterale, ma quel *giudizio prudente* che Gesù stesso indica nel Vangelo.

«Quale re, partendo in guerra contro un altro re, non siede prima a esaminare se può affrontare con diecimila uomini chi gli viene incontro con ventimila? Se no, mentre l'altro è ancora lontano, gli manda un'ambasceria per la pace» (*Lc* 14,31-32).

485. **In caso di guerra, che cosa chiede la legge morale?** (2312-2314
2328)

La legge morale rimane sempre valida, anche in caso di guerra. Essa chiede che si trattino con umanità i non combattenti, i soldati feriti e i prigionieri.

Le azioni deliberatamente contrarie al diritto delle genti e le disposizioni che le impongono sono dei crimini che l'obbedienza cieca non serve a scusare.

Si devono condannare le distruzioni di massa come pure lo sterminio di un popolo o di una minoranza etnica, che sono peccati gravissimi: si è moralmente in obbligo di fare resistenza agli ordini di chi li comanda.

Anche se in regime di guerra possono rendersi necessarie misure più restrittive – come lo è una legge marziale – della normale legge civile, non è ammissibile andare contro la *Legge Naturale* oltrepassando i limiti indicati dai *Comandamenti*.

---

486. **Che cosa bisogna fare per evitare la guerra?** (2315-2317 2327-2330)

Si deve fare tutto ciò che è ragionevolmente possibile per evitare in ogni modo la guerra, dati i mali e le ingiustizie che essa provoca.

In particolare, bisogna evitare l'accumulo e il commercio delle armi non debitamente regolamentati dai poteri legittimi; le ingiustizie soprattutto economiche e sociali; le discriminazioni etniche e religiose; l'invidia, la diffidenza, l'orgoglio e lo spirito di vendetta.

Quanto si fa per eliminare questi ed altri disordini aiuta a costruire la pace e ad evitare la guerra.

Questo numero indica, positivamente, il bene che consegue nel-l'evitare la guerra, per *i mali e le ingiustizie che essa provoca*, e indica ciò che si deve fare per rimuovere le "cause" che la favo-riscono (*l'accumulo e il commercio delle armi non debitamente regolamentati dai poteri legittimi; le ingiustizie soprattutto eco-nomiche e sociali; le discriminazioni etniche e religiose; l'invidia, la diffidenza, l'orgoglio e lo spirito di vendetta*).

IL SESTO COMANDAMENTO: NON COMMETTERE ADUL-TERIO

487. Quale compito ha la persona umana nei confronti della pro-pria identità sessuale? (2331-2336 2392-2393)

Dio ha creato l'uomo maschio e femmina, con uguale dignità per-sonale, e ha iscritto in lui la vocazione dell'amore e della comu-nione. Spetta a ciascuno accettare la propria identità sessuale, riconoscendone l'importanza per tutta la persona, la specificità e la complementarità.

Questo numero è chiaro ed autoesplicativo. Ogni diversa visio-ne delle cose, oltre a contraddire la *Legge Naturale* e la *Rivela-zione*, non trova fondamento scientifico ed da considerarsi come una deviazione o una patologia che può e deve essere aiutata e gestita psicologicamente e spiritualmente. Non è in ogni caso ammissibile farne una bandiera ideologica o politica.

488. Che cosa è la castità? (2337-2338)

La castità è la positiva integrazione della sessualità nella perso-na. La sessualità diventa veramente umana quando è integrata in modo giusto nella relazione da persona a persona. La castità è una virtù morale, un dono di Dio, una Grazia, un frutto dello Spirito.

Qui si spiega che la *castità* è la *virtù* che consente di trattare il proprio corpo, in relazione alla sessualità, in modo tale da governare la passione collegata ad essa, gestendola con la retta ragione, in modo da valorizzare l'intera persona – corpo e anima (cioè intelligenza e volontà) – e non avvilirlo fino a renderlo schiavo della sregolatezza e dell'abuso delle proprie facoltà generative.

Sapendo che il governo che la "ragione" può esercitare sulle "passioni" non è assoluto ("dispotico"), ma parziale ("politico"), è necessario mantenere un "comportamento prudente", così da evitare di innescare processi emotivi e fisiologici che determinano la perdita di tale capacità di controllo volontario.

489. Che cosa comporta la virtù della castità? (2339-2341)

Essa comporta l'acquisizione del dominio di sé, come espressione di libertà umana finalizzata al dono di sé. È necessaria, a tal fine, un'integrale e permanente educazione, che si attua in tappe di crescita graduale.

Questo numero presenta la "castità" non come un semplice dominio fisiologico, ma come attitudine della "persona" ("virtù"), nell'ottica del *dono di sé* dell'uomo verso la donna e reciprocamente, del conseguente rispetto di se stessi, essendo il proprio "io" condiviso con l'altra persona alla quale si è legati o si intende legarsi per la vita. Di conseguenza non è ammissibile scorporare l'uso della sessualità dall'amore complessivo verso l'altro, che è una "persona" e non una "cosa", un semplice "corpo" da utilizzare. La "persona" è fatta per si impegnarsi nella sua totalità e nel ricevere l'altro nella sua totalità. E nella sua totalità appaga e dona, insieme con il corpo, tutta la propria affettività. Perciò ogni infrazione di questa "logica della totalità" è un'infrazione della "giustizia verso l'altro" e della "giustizia verso Dio Creatore" che l'ha prevista all'origine («da principio non fu così», *Mt* 19,8). Come tale questa infrazione è un "peccato" contro questo Comandamento.

490. Quali sono i mezzi che aiutano a vivere la castità? (2340-2347)

Sono numerosi i mezzi a disposizione: la Grazia di Dio, l'aiuto dei Sacramenti, la preghiera, la conoscenza di sé, la pratica di un'ascesi adatta alle varie situazioni, l'esercizio delle virtù morali, in particolare della virtù della temperanza, che mira a far guidare le passioni dalla ragione.

Qui si indicano i "mezzi" ordinariamente utili per educare se stessi e gli altri che ci sono affidati, all'esercizio della "castità". Occorre tenere conto che le "virtù" lavorano e crescono insieme; così la castità non è isolata rispetto a tutte le altre, quasi fosse una sorta di tecnica di autocontrollo. L'importante è avere chiaro l'"ideale" che Cristo mette davanti ai nostri occhi, riconoscerlo come tale, non cercare di sminuirlo con adattamenti agli stili di vita del mondo in cui viviamo che, su questo punto, hanno ceduto completamente alla permissività, alla provocazione e alla sregolatezza.

Fare ricorso alla preghiera e ai Sacramenti, alla Confessione regolare e frequente per rigenerare e potenziare la Grazia della familiarità con Dio è fondamentale.

491. In quale modo tutti sono chiamati a vivere la castità? (2348-2350 2394)

Tutti, seguendo Cristo modello di castità, sono chiamati a condurre una vita casta secondo il proprio stato: gli uni vivendo nella verginità o nel celibato consacrato, un modo eminente di dedicarsi più facilmente a Dio con cuore indiviso; gli altri, se sposati, attuando la castità coniugale; se non sposati, vivendo la castità nella continenza.

Qui vengono date indicazioni di carattere generale, in relazione allo "stato di vita" di ciascuno. Nei numeri successivi vengono esaminati singolarmente i possibili peccati contro questo Comandamento.

La Chiesa non può che proporre Cristo come "esemplare", cioè ideale, a cui tendere nel vivere ogni virtù, compresa la castità.

Essendo segnati dalle conseguenze del "peccato originale", che ha compromesso le capacità della volontà di controllare le passioni, che non le obbediscono totalmente e la condizionano, con la complicità di una cultura mondana che ha sdoganato ogni forma di sregolatezza.

Per questo il ricorso al Sacramento della Penitenza è stato previsto dal Signore come mezzo per il ripristino e l'aumento della Grazia, della "giustizia verso Dio".

---

492. **Quali sono i principali peccati contro la castità?** (2351-2359 2396)

Sono peccati gravemente contrari alla castità, ognuno secondo la natura del proprio oggetto: l'adulterio, la masturbazione, la fornicazione, la pornografia, la prostituzione, lo stupro, gli atti omosessuali. Questi peccati sono espressione del vizio della lussuria. Commessi su minori, tali atti sono un attentato ancora più grave contro la loro integrità fisica e morale.

Questo numero è già del tutto esplicito e dettagliato. Di questi peccati

- in quanto "gravi" (*gravemente contrari alla castità*)
- se commessi con "lucida volontà" ("piena avvertenza")
- e liberamente ("deliberato consenso")

è necessario confessarsi per poter accedere alla santa Comunione.

493. **Perché il sesto Comandamento, benché reciti «non commettere adulterio», vieta tutti i peccati contro la castità?** (2336)

Benché nel testo biblico del Decalogo si legga «non commettere adulterio» (Es 20,14), la Tradizione della Chiesa segue complessivamente gli insegnamenti morali dell'Antico e del Nuovo Testamento, e considera il sesto Comandamento come inglobante tutti i peccati contro la castità.

Anche questo numero è autoesplicativo. Nella Sacra Scrittura, in vari passi, si tratta dell'argomento, fino dall'Antico Testamento, oltre che nel Nuovo. Così si è formata, nella Tradizione delle Chiesa, la dottrina morale come esposta nel *Catechismo*. Il Magistero, successivamente, nei suoi documenti offre ulteriori chiarimenti in merito a nuove scoperete e tecniche mediche ordinate a ciò che riguarda la sessualità e la trasmissione della vita.

---

494. **Qual è il compito delle autorità civili nei confronti della castità?** (2354)

Esse, in quanto tenute a promuovere il rispetto della dignità della persona, devono contribuire a creare un ambiente favorevole alla castità, anche impedendo, con leggi adeguate, la diffusione di talune delle suddette gravi offese alla castità, per proteggere soprattutto i minori e i più deboli.

Questa indicazione è volutamente disattesa della maggior parte dei governi, che si basano su concezioni dell'uomo e ideologie contrastanti con il cristianesimo e che, di fatto negano anche la *Legge Naturale*, ritenendola un retaggio cristiano piuttosto che una legge oggettiva di natura.

Ciò che ancora non viene riconosciuto è il "dato di fatto" che

– rimuovendo la *Legge Naturale* dai fondamenti della cultura sulla base della quale si costruisce la società civile, determinando il clima umano di questa

– e il *diritto naturale,* come base della "legislazione" che regola la vita delle persone e i rapporti interpersonali

si finisce, con il tempo, per rendere talmente irrispettosa la convivenza e ingestibile la possibilità di governare, da paralizzare e sovvertire nazioni intere.

---

495. Quali sono i beni dell'amore coniugale, al quale è ordinata la sessualità? (2360-2361 2397-2398)

I beni dell'amore coniugale, che per i battezzati è santificato dal Sacramento del Matrimonio, sono: unità, fedeltà, indissolubilità e apertura alla fecondità.

Questi beni – *unità, fedeltà, indissolubilità e apertura alla fecondità* – sono l'"ideale di riferimento", per il matrimonio, secondo l'"immagine originaria" prevista da Dio Creatore, quell'immagine alla quale Gesù rimanda quando viene interpellato sull'argomento («da principio...», *Mt* 19,8). Essi sono difficilmente raggiungibili, anche se non del tutto impossibili da realizzare con le sole forze umane, a causa degli effetti del "peccato originale" («Per la durezza del vostro cuore», *Mt* 19,8). Per questo Cristo ha previsto un Sacramento per il Matrimonio, così da aiutare gli sposi con la Grazia che guida la natura verso il proprio bene, il bene degli sposi e della famiglia.

Se accade che si venga meno occasionalmente, a qualcuno di questi "ideali di riferimento", commettendo quindi un "peccato" contro Dio che li ha previsti e indicati, occorre correggere, per quanto è possibile, l'errore ricorrendo al Sacramento della Penitenza e al cambiamento di condotta.

Sarebbe un grave errore una condiscendenza della Chiesa, per quanto rivestita di "accoglienza pastorale", il rinunciare a proporre questi "ideali di riferimento", perché ciò non gioverebbe a migliorare le persone e danneggerebbe le famiglie.

496. Quale significato ha l'atto coniugale? (2362-2367)

L'atto coniugale ha un duplice significato: unitivo (la mutua donazione dei coniugi) e procreativo (l'apertura alla trasmissione della vita). Nessuno deve rompere la connessione inscindibile che Dio ha voluto tra i due significati dell'atto coniugale, escludendo l'uno o l'altro di essi.

Anche questo numero è autoesplicativo. Il principio che viene qui affermato come *legge di natura* è che *Nessuno deve rompere la connessione inscindibile che Dio ha voluto tra i due significati, escludendo l'uno o l'altro di essi.* E il fatto che si tratta di una *legge naturale,* valida per tutti, indipendentemente dalle personali convinzioni in merito – come una legge del mondo fisico – è verificabile, con il tempo, per il fatto che negando questo principio, si finisce per realizzare un mondo sempre meno vivibile, disumano, a danno di chi si comporta come se tale "principio" non fosse una *legge di natura* e dell'intera società. Ai nostri giorni ne abbiamo una riprova "sperimentale".

497. Quando è morale la regolazione delle nascite? (2368-2369 2399)

La regolazione delle nascite, che rappresenta uno degli aspetti della paternità e maternità responsabili, è oggettivamente conforme alla moralità quando è attuata dagli sposi senza imposizioni esterne, non per egoismo, ma per seri motivi e con metodi conformi ai criteri oggettivi della moralità, e cioè con la continenza periodica e il ricorso ai periodi infecondi.

Questo numero introduce la questione della *regolazione delle nascite* condotta conformemente al "principio" enunciato nel numero precedente e, quindi in modo coerente con la *legge morale naturale* e, quindi con la morale cattolica.

498. Quali sono i mezzi immorali per la regolazione delle nascite?
(2370-2372)

È intrinsecamente immorale ogni azione – come, per esempio, la sterilizzazione diretta o la contraccezione –, che, o in previsione dell'atto coniugale o nel suo compimento o nello sviluppo delle sue conseguenze naturali, si proponga, come scopo o come mezzo, di impedire la procreazione.

Qui si denuncia come *intrinsecamente immorale*, perché contrario alla *legge di natura*, prevista dal Creatore, enunciata come "principio universale" al n. 496, ogni mezzo che dissoci "positivamente" la possibilità della procreazione dall'atto coniugale, con la precisa volontà di escluderla.

499. Perché l'inseminazione e la fecondazione artificiali sono immorali? (2373-2377)

Sono immorali perché dissociano la procreazione dall'atto con cui gli sposi si donano mutuamente, instaurando così un dominio della tecnica sull'origine e sul destino della persona umana. Inoltre l'inseminazione e la fecondazione eterologa, con il ricorso a tecniche che coinvolgono una persona estranea alla coppia coniugale, ledono il diritto del figlio a nascere da un padre e da una madre conosciuti da lui, legati tra loro dal matrimonio e aventi il diritto esclusivo a diventare genitori soltanto l'uno attraverso l'altro.

Anche questo numero è sufficientemente chiaro. Tra l'altro questo comporta la non ammissibilità della pretesa contraria all'esclusione della prole, qual è quella di poter ritenere un "diritto" la procreazione a tutti i costi. Un figlio è un "dono" che Dio elargisce agli sposi e non un "diritto" derivante da una loro pretesa.

500. Come va considerato un figlio? (2378)

Il figlio è un dono di Dio, il dono più grande del matrimonio. Non esiste un diritto ad avere figli («il figlio dovuto, ad ogni costo»). Esiste invece il diritto del figlio di essere il frutto dell'atto coniugale dei suoi genitori e anche il diritto di essere rispettato come persona dal momento del suo concepimento.

Qui si aggiunge, a quanto detto sopra, anche la considerazione di ciò che è dovuto ai figli che, come gli sposi, sono essi stessi persone e non devono essere considerati come degli oggetti che si acquistano per denaro o con altri mezzi, o si gettano quando ritenuti scomodi o inutili.

Un figlio ha *il diritto di essere rispettato come persona dal momento del suo concepimento.*

501. Che cosa possono fare gli sposi, quando non hanno figli? (2379)

Qualora il dono del figlio non fosse loro concesso, gli sposi, dopo aver esaurito i legittimi ricorsi alla medicina, possono mostrare la loro generosità mediante l'affido o l'adozione, oppure compiendo servizi significativi a favore del prossimo. Realizzano così una preziosa fecondità spirituale.

Qui si prospetta la possibilità dell'affido e dell'adozione di figli rimasti privi dei genitori, in assenza di figli naturali, ma implicitamente anche insieme a questi ultimi qualora le possibilità della famiglia adottante lo consentano.

502. Quali sono le offese alla dignità del matrimonio? (2380-2391 2400)

Esse sono: l'adulterio, il divorzio, la poligamia, l'incesto, la libera unione (convivenza, concubinato), l'atto sessuale prima o al di fuori del matrimonio.

Questo numero elenca i peccati gravi contro la *dignità del matrimonio* come istituto naturale di ogni società civile e, a maggior ragione, come Sacramento cristiano. Si tratta di atti dalla "materia grave" che, come tali quando sono volontariamente compiuti in piena libertà e consapevolezza escludono la possibilità, per i battezzati, di ricevere l'Eucaristia, prima di aver ricevuto l'assoluzione sacramentale in Confessione che, nel caso della convivenza, richiede la sua interruzione.

IL SETTIMO COMANDAMENTO: NON RUBARE

503. Che cosa enuncia il settimo Comandamento? (2401-2402)

Esso enuncia la destinazione e la distribuzione universale e la proprietà privata dei beni e il rispetto delle persone, dei loro beni e dell'integrità della creazione. La Chiesa trova fondata in questo Comandamento anche la sua dottrina sociale, che comprende il retto agire nell'attività economica e nella vita sociale e politica, il diritto e il dovere del lavoro umano, la giustizia e la solidarietà tra le nazioni, l'amore per i poveri.

Questo numero si limita ad introdurre, come "titoli generici", i contenuti legati al comando "non rubare" del *Settimo Comandamento*. Ciascuno di questi sarà spiegato nei numeri successivi, illustrando anche gli elementi essenziali di quella che è nota come "*dottrina sociale* della Chiesa" che regola la "giustizia sociale" secondo il "giusto modo del rapporto" tra l'uomo e Dio Creatore.

---

504. A quali condizioni esiste il diritto alla proprietà privata? (2403)

Il diritto alla proprietà privata esiste purché sia acquisita o ricevuta in modo giusto e purché resti primaria la destinazione universale dei beni alla soddisfazione delle necessità fondamentali di tutti gli uomini.

Si inizia parlando della *proprietà privata,* spiegando che essa è "moralmente legittima". Successivamente il *Decimo Comandamento* lo confermerà indirettamente parlando della "roba d'altri", i quali hanno quindi il diritto di possedere "roba" di loro proprietà e, quindi reciprocamente, lo abbiamo anche noi di possedere "roba" che si possa dire "nostra".

A proposito della *proprietà privata* la "dottrina sociale" precisa che questa è "legittima" a due condizioni:

– che *sia acquisita o ricevuta in modo giusto,* cioè non sottratta con il furto, con la disonestà, il raggiro, ecc., ma guadagnata lecitamente con il proprio lavoro o ricevuta in dono per ragioni oneste e non a scopo di corruzione;

– che *resti primaria la destinazione universale dei beni alla soddisfazione delle necessità fondamentali di tutti gli uomini.* In caso di estrema necessità vitale i beni devono essere proporzionatamente considerati "comuni" e, quindi, condivisi con chi ne è privo senza colpa.

---

505. Qual è il fine della proprietà privata? (2404-2406)

Il fine della proprietà privata è garantire la libertà e la dignità delle singole persone, aiutandole a soddisfare i bisogni fondamentali propri di coloro di cui si ha la responsabilità e anche di altri che vivono nella necessità.

Il numero è autoesplicativo e chiarisce che la *proprietà privata* è una necessaria forma di rispetto della *dignità delle singole persone* in vista della soddisfazione delle necessità fondamentali (sostentamento, intimità domestica e familiare, sicurezza e protezione di se stessi e di quanti vivono nella stessa abitazione).

Di conseguenza sono da condannare, come contro la natura dell'uomo quelle ideologie e quelle forme di regime politico prevalentemente o totalmente "stataliste", in quanto impongono l'abolizione della proprietà privata ("comunismo", "assistenzialismo" dominante sull'iniziativa privata sia di singoli che di aggregazioni utili al bene comune).

Oltre alla proprietà di beni "materiali", vanno tenuti in considerazione anche i "beni culturali", tra i quali la libertà di "pensiero", di "educazione", di "parola" purché non rechi danno alla dignità propria e altrui. Di questo non si parla qui espressamente lasciando ai documenti del Magistero il compito di essere più esplicito in merito ai singoli aspetti.

È perciò contraria a questo comandamento anche ogni forma pressione mediatica volta ad espropriare persone e popolazioni dalle loro tradizioni culturali ed espressioni artistiche conformi alla loro storia e rispettose della dignità dell'uomo e della donna, della famiglia e della vita cristiana.

---

506. Che cosa prescrive il settimo Comandamento? (2407 2450-2451)

Il settimo Comandamento prescrive il rispetto dei beni altrui, attraverso la pratica della giustizia e della carità, della temperanza e della solidarietà. In particolare, esige il rispetto delle promesse fatte e dei contratti stipulati; la riparazione dell'ingiustizia commessa e la restituzione del maltolto; il rispetto dell'integrità della creazione mediante l'uso prudente e moderato delle risorse minerali, vegetali e animali che sono nell'universo, con speciale attenzione verso le specie minacciate di estinzione.

Qui si esemplifica come la virtù della "giustizia" (*e della carità, della temperanza e della solidarietà*) debba essere esercitata al riguardo dei *beni altrui*, rispettando le regole "naturali" (secondo il diritto naturale) e quelle "positive" ad esse conformi (secondo il diritto positivo equamente stabilito: contratti, accordi, impegni assunti, ecc.). Questa virtù deve essere esercitata:

– verso il prossimo (la proprietà privata altrui), quanto ai beni

= sia "materiali" come cose, abitazioni, denaro, ecc. (Per cui non sono ammissibili furti, abusi, occupazioni indebite, ecc.);

= che "immateriali"

  * sia "culturali", come opere di ingegno, scienza e arte in genere. (Per cui non sono ammissibili violazioni dei diritti d'autore, furti d'identità, ecc.);

  * sia "spirituali", come l'integrità personale, psicologica e spirituale. (Per cui non sono ammissibili le pressioni psicologiche, il plagio, azioni mediate dal demonio contro la persona, ecc.).

– verso la creazione in genere e verso tutte le creature, in quanto sono opera di Dio.

---

507. Quale comportamento l'uomo deve avere verso gli animali? (2416-2418 2457)

L'uomo deve trattare gli animali, creature di Dio, con benevolenza, evitando sia l'eccessivo amore nei loro confronti, sia il loro uso indiscriminato, soprattutto per sperimentazioni scientifiche effettuate al di fuori di limiti ragionevoli e con inutili sofferenze per gli animali stessi.

Il numero è autoesplicativo, raccomandando l'equilibrio nel rapporto con gli animali che

– non vanno né idolatrati o sopravvalutati rispetto all'uomo e tantomeno a Dio;

– né vanno costretti a lavoro che eccede le loro forze naturali o utilizzati per sperimentazioni immotivate *al di fuori di limiti ragionevoli e con inutili sofferenze.*

508. Che cosa proibisce il settimo Comandamento? (2408-2413 2453-2455)

Il settimo Comandamento proibisce anzitutto il furto, che è l'usurpazione del bene altrui contro la ragionevole volontà del proprietario. Ciò si verifica anche nel pagare salari ingiusti; nello speculare sul valore dei beni per trarre vantaggio a danno di altri; nel contraffare assegni o fatture. Proibisce inoltre di commettere frodi fiscali o commerciali, di arrecare volontariamente un danno alle proprietà private o pubbliche, Proibisce anche l'usura, la corruzione, l'abuso privato di beni sociali, i lavori colpevolmente male eseguiti, lo sperpero.

In questo numero si elencano alcune delle più gravi (si tratta di "materia grave") mancanze contro il *Settimo comandamento*) che possono essere commesse. Va sempre sottolineato che quando si usa la parola *proibisce* non la si deve intendere come una sorta di "divieto arbitrario", di "limitazione" imposta da Dio e dalla Chiesa, dovuto alla nostra fede e dal quale chi non è cristiano è libero! Questo è un modo "moralistico" di concepire il cristianesimo che, a lungo andare svilisce la fede di chi lo pratica. Gli atti compiuti contro i comandamenti sono azioni che vanno contro le regole del "buon funzionamento" della vita dell'uomo in quanto tale, danneggiandolo nella sua "natura" prima ancora che per la sua fede. Lo abbiamo detto già più volte e va sempre tenuto presente. La vita personale e sociale si abbruttiscono comunque se si eludono i *Comandamenti*!

509. Qual è il contenuto della dottrina sociale della Chiesa? (2419-2423)

La dottrina sociale della Chiesa, quale sviluppo organico della verità del Vangelo sulla dignità della persona umana e sulla sua dimensione sociale, contiene principi di riflessione, formula criteri di giudizio, offre norme e orientamenti per l'azione.

A partire da questo numero il *Compendio* si occupa di quell'applicazione del *Settimo Comandamento* che riguarda i rapporti economici, di lavoro e politici della vita sociale. Il *corpus* dottrinale di questo aspetto legato alla "giustizia" è noto, a partire dall'enciclica *Rerum novarum* di Leone XIII, come *Dottrina sociale della Chiesa*. I principi fondamentali di questa dottrina sono già presenti nel trattato sulla "giustizia" di san Tommaso d'Aquino, esposto nel suo complesso nella *Summa Theologiae,* II-II, qq. 58-122.

In particolare tale dottrina, come qui viene detto, applica i principi del Vangelo agli aspetti della vita sociale dell'uomo e del credente (*dignità della persona umana e sulla sua dimensione sociale*), a riprova del fatto che il cristianesimo non è confinato all'interiorità e alle dimensioni soggettive della vita delle persone, ma ha necessariamente anche una ricaduta "culturale" e "sociale".

Viene quindi ribadito il "diritto" e il "dovere" della Chiesa di dare "giudizi" e "indicazioni"

– ai "credenti", in merito a quei principi ai quali essi aderiscono per "Fede", essendo basati sulla Rivelazione;

– a "credenti" e "non credenti", cioè a tutti gli uomini, in merito a quei principi che sono comuni a tutti in quanto conoscibili anche con la sola "ragione", come la *Legge Morale Naturale*. In merito a questi ultimi, la Chiesa ha il dovere di insegnarli non solo enunciandoli, ma dimostrando con argomentazioni teoriche e con prove pratiche, empiricamente riscontrabili, la necessità di riconoscerne la validità.

---

510. **Quando la Chiesa interviene in materia sociale?** (2420 2458)

La Chiesa interviene dando un giudizio morale in materia economica e sociale, quando ciò è richiesto dai diritti fondamentali della persona, dal bene comune o dalla Salvezza delle anime.

Qui si spiega quando e a proposito di quali oggetti la Chiesa ha il "diritto" e il "dovere" di intervenire nello scenario sociale e politico, esprimendo il "giudizio" che essa è in grado di formulare come applicazione della *Legge Naturale* e, rispettivamente, della Rivelazione. Ciò deve avvenire in merito a quanto attiene ai *diritti fondamentali della persona, dal bene comune o dalla salvezza delle anime.*

511. Come va esercitata la vita sociale ed economica? (2459)

Va esercitata, secondo i propri metodi, nell'ambito dell'ordine morale, al servizio dell'uomo nella sua integralità e di tutta la comunità umana, nel rispetto della giustizia sociale. Essa deve avere l'uomo come autore, centro e fine.

Questo numero accenna al "metodo" che la Chiesa deve seguire nel formulare i "giudizi" che conseguono alla sua *Dottrina sociale*. Si dice che essa agisce *secondo i propri metodi*.

– Questi ultimi, tradizionalmente, consistevano semplicemente in enunciazioni di "richiami di principio" del tipo: *la Chiesa insegna questo per questo e questo motivo*. Oggi, però, questo modo autoritativo non è più efficace per il fatto che non si riconosce più un'autorità universale della Chiesa non essendo più riconosciuta una *Legge Naturale* valida per tutti, credenti e non credenti.

– L'argomento "forte" con cui oggi la Chiesa può e deve sfidare i poteri del mondo – come hanno fatto san Giovanni Paolo II e dopo di lui Benedetto XVI – è la "prova dei fatti". *Avete voluto provare a costruire un mondo ignorando e contravvenendo alla* Legge Naturale *(ai Comandamenti)? Il risultato, che è sotto gli occhi di tutti, è una società sempre meno vivibile e sempre meno governabile.* Al punto che la "democrazia" è degenerata in "anarchia" o in "dittatura".

512. Che cosa si oppone alla dottrina sociale della Chiesa? (2424-2425)

Si oppongono alla dottrina sociale della Chiesa i sistemi economici e sociali, che sacrificano i diritti fondamentali delle persone, o che fanno del profitto la loro regola esclusiva o il loro fine ultimo. Per questo la Chiesa rifiuta le ideologie associate nei tempi moderni al «comunismo» o alle forme atee e totalitarie di «socialismo». Inoltre, essa rifiuta, nella pratica del «capitalismo», l'individualismo e il primato assoluto della legge del mercato sul lavoro umano.

Questo numero è autoesplicativo e non ha bisogno di commenti. Implicitamente esso propone forme di economia che tengano conto della natura creaturale della persona umana nel rispetto della famiglia naturale; il che esige di non avere il potere dello Stato, la volontà di dominio, o il solo profitto come scopo del lavoro, ma il rispetto dei *Comandamenti*, base della convivenza sociale ineludibile da credenti e non credenti. È compito dei datori di lavoro, dei lavoratori credenti e di tutte le persone di buona volontà cercare di realizzare delle forme di economia rispettose di questi punti di riferimento indispensabili per una vita sociale umana.

513. Che significato ha il lavoro per l'uomo? (2426-2428 2460-2461)

Il lavoro per l'uomo è un dovere e un diritto, mediante il quale egli collabora con Dio Creatore. Infatti, lavorando con impegno e competenza, la persona attualizza capacità iscritte nella sua natura, esalta i doni del Creatore e i talenti ricevuti, sostenta se stesso e i suoi familiari, serve la comunità umana. Inoltre, con la Grazia di Dio, il lavoro può essere mezzo di santificazione e di collaborazione con Cristo per la salvezza degli altri.

Quanto indicato in questo numero, in vista di un lavoro degno dell'uomo non è altro che basato sul criterio della "giustizia nel rapporto con Dio Creatore", che si attua nel rispetto della *Legge Naturale* (i *Comandamenti,*) e non può realizzarsi in alcun modo in una società e ad opera di uno Stato che li neghi più o meno esplicitamente nella sua legislazione.

514. A quale tipo di lavoro ha diritto ogni persona? (2429 2433-2434)

L'accesso a un sicuro e onesto lavoro deve essere aperto a tutti, senza ingiusta discriminazione, nel rispetto della libera iniziativa economica e di un'equa retribuzione.

In una società per quanto possibile giusta, retta da uno Stato regolato da una legislazione equa, il lavoro deve poter essere accessibile a tutti coloro che sono in grado di svolgerlo, escludendo forme di sfruttamento che eccedano le possibilità delle forze umane, e deve essere adeguatamente retribuito, così che ciascuno possa sostenere gli oneri della propria famiglia e di una condizione abitativa dignitosa. Per poter realizzare questo occorre anche la corrispondente onestà e impegno da parte del lavoratore, in un rapporto positivo e costruttivo tra il lavoratore e il datore di lavoro. Sono meritevoli di lode coloro che, ciascuno per la propria parte, contribuiscono a realizzare un tale positivo clima nell'ambiente di lavoro.

515. Qual è la responsabilità dello Stato circa il lavoro? (2431)

Allo Stato spetta di procurare la sicurezza circa le garanzie delle libertà individuali e della proprietà, oltre che una moneta stabile e servizi pubblici efficienti; di sorvegliare e guidare l'esercizio dei diritti umani nel settore economico. In rapporto alle circostanze, la società deve aiutare i cittadini a trovare lavoro.

Anche questo numero è autoesplicativo in ordine alla definizione dei compiti essenziali di uno Stato che sia rispettoso della dignità della persona, della famiglia, della proprietà privata, della sicurezza, della necessità del lavoro per ogni membro della società in grado di svolgerne uno, corrispondente alle sue capacità; e per l'aiuto umanamente dignitoso a chi non ne è in grado.

È evidente che una società cristiana è nelle condizioni ideali per poter garantire tutto questo, diversamente da una società costruita su un'"ideologia" che esclude, o anche solo ignora, Dio e la *Legge Naturale* dal suo orizzonte culturale.

516. Quale compito hanno i dirigenti di imprese? (2432)

I dirigenti di imprese hanno la responsabilità economica ed ecologica delle loro operazioni. Devono considerare il bene delle persone e non soltanto l'aumento dei profitti, anche se questi sono necessari per assicurare gli investimenti, l'avvenire delle imprese, l'occupazione e il buon andamento della vita economica.

Qui si parla delle responsabilità civili dei gestori delle imprese che offrono lavoro alle persone, la cui logica gestionale non può tenere conto solo dei profitti senza rispettare la dignità delle persone. Al contrario essi devono offrire al lavoratore onesto e motivato, oltre ad un'adeguata remunerazione, anche un ambiente di lavoro fisicamente sano e dal clima umano vivibile, ove si lavora con soddisfazione e riconoscimento del proprio impegno.

517. Quali doveri hanno i lavoratori? (2435)

Essi devono compiere il loro lavoro con coscienza, competenza e dedizione, cercando di risolvere le eventuali controversie con il dialogo. Il ricorso allo sciopero non violento è moralmente legittimo quando appare come lo strumento necessario, in vista di un vantaggio proporzionato e tenendo conto del bene comune.

In modo complementare rispetto al numero precedente, qui si parla dei doveri dei lavoratori dipendenti delle imprese. Se il clima umano dell'azienda rispetta quanto detto nel numero precedente, il lavoratore è tenuto a riconoscerlo e a contribuirvi con la serietà e la serenità del proprio impegno. Solo in caso di conflitto non diversamente sanabile si può legittimamente ricorrere allo sciopero, per sollecitare il datore di lavoro ad ottemperare ai propri doveri nei confronti dei lavoratori dipendenti. Ogni uso ideologico, pretestuoso e strumentale deve essere evitato da ambo le parti.

518. Come si attua la giustizia e la solidarietà tra le nazioni? (2437-2441)

A livello internazionale, tutte le nazioni e le istituzioni devono operare nella solidarietà e sussidiarietà, al fine di eliminare o almeno ridurre la miseria, la disuguaglianza delle risorse e dei mezzi economici, le ingiustizie economiche e sociali, lo sfruttamento delle persone, l'accumulo dei debiti dei paesi poveri, i meccanismi perversi che ostacolano lo sviluppo dei paesi meno progrediti.

Questo numero riguarda i rapporti di giustizia a livello internazionale introducendo i concetti di *solidarietà* e di *sussidiarietà*. Questi vengono trattati e approfonditi, con l'intera "dottrina sociale" nel *Compendio di Dottrina Sociale della Chiesa*, LEV 2004 a cura del *Pontificio Consiglio della Giustizia e della Pace*.

Particolarmente rilevante è il "principio di sussidiarietà", spesso eluso o manipolato da regimi di governo eccessivamente centralisti che delegano allo Stato il controllo di qualsiasi attività di carattere sociale, anziché favorire e sostenere economicamente le libere iniziative di privati cittadini che si associano per sopperire a concreti bisogni nel campo dell'educazione, dell'assistenza, secondo principi conformi alle loro legittime convinzioni religiose, culturali, sociali, politiche, nel pieno rispetto della legislazione e senza oneri per lo Stato.

519. In che modo i cristiani partecipano alla vita politica e sociale? (2442)

I fedeli laici intervengono direttamente nella vita politica e sociale, animando, con spirito cristiano, le realtà temporali e collaborando con tutti, da autentici testimoni del Vangelo e operatori di pace e di giustizia.

L'impegno politico dei cristiani, oltre ad apportare i contributi socialmente benefici derivanti dall'esercizio della carità verso il prossimo, contribuiscono al bene comune anche in ordine all'attuazione della *Legge Morale Naturale,* che non può essere disconosciuta e qualificata come "confessionale" da uno Stato per il solo fatto di definirsi "laico", in quanto il suo riconoscimento è un dato puramente "razionale" che non richiede, di per sé, la scelta della fede cristiana. Anzi, alla prova dei fatti, la negazione della *Legge Naturale,* nella legislazione positiva dello Stato, porta conseguenza distruttive per la convivenza civile di tutti i cittadini.

520. A che cosa si ispira l'amore per i poveri? (2443-2449 2462-2463)

L'amore per i poveri si ispira al Vangelo delle beatitudini e all'esempio di Gesù nella sua costante attenzione per i poveri. Gesù ha detto: «Ogni volta che avete fatto queste cose a uno solo di questi fratelli più piccoli, l'avete fatto a me» (Mt 25,40). L'amore per i poveri si attua attraverso l'impegno contro la povertà materiale e anche contro le numerose forme di povertà culturale, morale e religiosa. Le opere di misericordia, spirituali e corporali, e le numerose istituzioni benefiche sorte lungo i secoli, sono una concreta testimonianza dell'amore preferenziale per i poveri che caratterizza i discepoli di Gesù.

La solidarietà verso i più bisognosi, per i credenti, non si rivolge solo alle necessità materiali («Anche i pagani lo fanno», *Mt* 5,47) alle quali occorre certamente sopperire, ma è finalizzato alla loro elevazione culturale e all'Annuncio cristiano che faccia conoscere loro l'importanza e la bellezza della Fede, come risposta piena alle vere domande dell'uomo.

L'OTTAVO COMANDAMENTO: NON DIRE FALSA TESTIMONIANZA

521. Quale dovere ha l'uomo verso la verità? (2464-2470 2504)

Ogni persona è chiamata alla sincerità e alla veracità nell'agire e nel parlare. Ognuno ha il dovere di cercare la verità e di aderirvi, ordinando tutta la propria vita secondo le esigenze della verità. In Gesù Cristo la verità di Dio si è manifestata interamente: Egli è la Verità. Chi segue lui vive nello Spirito di verità, e rifugge la doppiezza, la simulazione e l'ipocrisia.

Questo numero ha una portata "metafisica" – cioè in rapporto alla "realtà" delle cose e della vita – molto superiore a quanto siamo normalmente abituati a pensare. Qui viene detto:

– prima di tutto che *ogni persona è chiamata alla sincerità e alla veracità nell'agire e nel parlare*. E con questa formula viene data un "prescrizione" per il comportamento personale, una direttiva "morale". Bisogna dire la verità e non ingannare il prossimo con la "menzogna", che proviene sempre dal demonio, definito da Gesù, nel Vangelo, proprio come «menzognero e padre della menzogna» (*Gv* 8,44). E questo è l'*Ottavo Comandamento* vero e proprio;

– poi vengono date le ragioni per le quali si deve dire e *cercare la Verità* e *aderirvi*. E la ragione prima è che la Verità, nella sua pienezza è Dio stesso. E noi la conosciamo in pienezza in Cristo che è la Verità (il Verbo) fatta carne.

A fondamento di queste ragioni: la Verità è Dio, la Verità è Cristo («Io sono la Via, la Verità e la Vita», *Gv* 14,6), sta:

– una "legge propria dell'Essere" come tale (legge "metafisica"), una legge iscritta "oggettivamente" nella realtà, come fosse una legge "fisica", e più fondamentale ancora;

– una "legge propria del nostro modo di conoscere", propria del nostro essere creature, finite e limitate, che come tali conoscono la realtà, e Dio stesso, parzialmente sotto un diverso aspetto alla volta, con tanti atti di conoscenza e non in un unico atto, come in un unico fotogramma.

Dio è l'"Ente", «è l'Essere perfettissimo» (*Catechismo di san Pio X,* n. 2).

– in quanto è perfettamente semplice e indiviso Dio ci si presenta come "Uno";

– in quanto si offre alla nostra "conoscenza" (al nostro intelletto),

    = attraverso la Creazione

    = e attraverso la Rivelazione

Dio ci si svela come "Vero", "Verità";

– in quanto si offre alla nostra "affettività" (alla volontà), ci attrae come ciò che è "desiderabile", per essere sempre con Lui nella felicità ("beatitudine") che non viene mai meno, Dio si presenta a noi come la pienezza del "Bene", il sommo Bene in se stesso e per noi;

– in quanto attrae il nostro sguardo di Fede, Dio è il "Bello", la "Bellezza": è il fascino della Sua "Gloria".

Nella filosofia e teologia medievale: "Ente", "Uno", "Vero", "Buono" (e con esso, sotto un certo aspetto, "Bello") sono chiamati i "trascendentali" (non nel senso di Kant che ha usata in un senso completamente diverso questa parola). Descrizioni intercambiabili dei diversi aspetti sotto i quali noi possiamo cogliere una stessa realtà, e al massimo grado Dio stesso.

L'uomo può ingannarsi nell'identificare Dio, ma non può non desiderarlo come la somma Verità e il sommo Bene.

522. Come si rende testimonianza alla verità? (2471-2474 2505-2506)

Il cristiano deve testimoniare la verità evangelica in tutti i campi della sua attività pubblica e privata, anche, se necessario, col sacrificio della propria vita. Il martirio è la suprema testimonianza resa alla verità della fede.

Ogni forma di compromesso, ipocrisia, apostasia, alterazione della dottrina di Cristo si oppone al Comandamento di cercare e testimoniare la Verità, fino al martirio. La storia della Chiesa ha conosciuto testimoni eroici di questo atteggiamento cristiano; essi si sono comportati conformemente a Cristo perché il non farlo sarebbe stato rinnegare se stessi insieme alla verità della Fede.

523. Che cosa proibisce l'ottavo Comandamento? (2475-2487 2507-2509)

L'ottavo Comandamento proibisce:

– la falsa testimonianza, lo spergiuro, la menzogna, la cui gravità si commisura alla verità che essa deforma, alle circostanze, alle intenzioni del mentitore e ai danni subiti dalle vittime;

– il giudizio temerario, la maldicenza, la diffamazione, la calunnia che diminuiscono o distruggono la buona reputazione e l'onore, a cui ha diritto ogni persona;

– la lusinga, l'adulazione o compiacenza, soprattutto se finalizzate a peccati gravi o al conseguimento di vantaggi illeciti.

Una colpa commessa contro la verità comporta la riparazione, se ha procurato un danno ad altri.

L'elenco dei comportamenti che violano l'*ottavo Comandamento* è sufficientemente esplicito e non necessita ulteriori commenti. Deve essere tenuto sempre in mente il fatto che le "proibizioni morali" non sono mai "arbitrarie" e "convenzionali", così da poter essere cambiate con l'evolversi delle situazioni nel tempo, ma sono "regole" iscritte nella "realtà delle cose". Il solo pensiero di contravvenire a tali regole rappresenta un danno umano per l'esistenza di chi ritiene di poterle sovvertire a proprio piacimento. Come a dire che se non si seguono le "istruzioni", la vita della quale intendiamo servirci, inevitabilmente si "guasta" e smette di funzionare.

Ne è una evidente riprova il mondo nel quale viviamo, ormai, in gran parte costruito sull'illusione di un tale sovvertimento. L'insincerità, il non potersi fidare quasi più di nessuno, la corruzione generale, il clima di insicurezza sociale nel quale siamo immersi è la riprova più evidente del fatto che, non rispettando i *Comandamenti,* si produce una società sempre meno vivibile.

---

524. Che cosa chiede l'ottavo Comandamento? (2488-2492 2510-2511)

L'ottavo Comandamento chiede il rispetto della verità, accompagnato dalla discrezione della carità: nella comunicazione e nell'informazione, che devono valutare il bene personale e comune, la difesa della vita privata, il pericolo di scandalo; nel riserbo dei segreti professionali, che vanno sempre mantenuti tranne in casi eccezionali per gravi e proporzionati motivi. Cosi pure è richiesto il rispetto delle confidenze fatte sotto il sigillo del segreto.

Se il numero precedente ha esposto, in "negativo", ciò che consegue all'*ottavo Comandamento,* questo numero evidenzia in "positivo", quanto esso richiede, in vista di un "bene" che ne consegue per chi lo rispetta.

Si sottolinea, come "metodo" da seguire nel "pensare", "parlare", "scrivere", "comunicare", quello del *rispetto della verità, accompagnato dalla discrezione della carità*. Questa formula richiama l'antico "motto" che si trovava nelle iscrizioni presenti in genere nei conventi dei figli di san Domenico: *Caritas Veritatis*.

La "verità" come prima forma della "carità". Bisogna avere ben chiaro che la "carità" non è una forma sdolcinata e un po' romantica di compassione per gli altri, ma è il "modo di amare" di Cristo, di Dio, il quale fa esistere e conserva nell'essere ciò che crea, amandolo. Come per dirgli: *come è bene che tu ci sia!*

La "verità" detta perché tu ne riceva un "bene" per la tua esistenza; una correzione, se necessaria, per il tuo bene, fatta in modo tale che tu capisca che è per il tuo bene, e possa imparare ad esserne grato.

---

525. Come deve essere l'uso dei mezzi di comunicazione sociale?
(2493-2499 2512)

L'informazione mediatica deve essere al servizio del bene comune e nel suo contenuto dev'essere sempre vera e, salve la giustizia e la carità, anche integra. Deve inoltre esprimersi in modo onesto e conveniente, rispettando scrupolosamente le leggi morali, i legittimi diritti e la dignità della persona.

Qui si indicano i criteri per una "positiva" modalità dell'*informazione mediatica*. In un mondo come il nostro nel quale i mezzi di comunicazione sono istantanei e globali, se non si hanno più riferimenti "oggettivi" e "universali", per definite ciò che è "bene" e ciò che non lo è, la comunicazione può diventare – e in gran parte lo è diventata – un terribile strumento di potere per chi la controlla, danneggiando singole persone e intere comunità nazionali.

Siamo ormai arrivati al punto in cui è divenuto indispensabile "essere buoni", pena la non sopravvivenza della convivenza civile.

È perciò indispensabile che ci sia un "soggetto" in grado di educare le persone, e indirizzare le società, al "vero bene", insegnando a governare e a comportarsi in vista del "bene comune". E questo soggetto non può che essere la Chiesa, che ha il compito di educare al bene portando gli uomini a Cristo.

526. Quale relazione esiste tra verità, bellezza e arte sacra? (2500-2503 2513)

La verità è bella per se stessa. Essa comporta lo splendore della bellezza spirituale. Esistono, oltre alla parola, numerose forme di espressione della verità, in particolare le opere artistiche. Sono frutto di un talento donato da Dio e dello sforzo dell'uomo. L'arte sacra, per essere vera e bella, deve evocare e glorificare il Mistero di Dio apparso in Cristo e condurre all'adorazione e all'amore di Dio Creatore e Salvatore, Bellezza eccelsa di Verità e di Amore.

La "bellezza" non è altro che il "bene" in quanto si offre

- alla "vista", come a quello dei cinque sensi che è di livello superiore
- e, per analogia, alla "visione" delle cose che si spalanca all'"intelligenza" delle creature "razionali"
    - = nella loro "autenticità", ovvero corrispondenza a come Dio le "pensa" e le fa "esistere" creandole ("verità ontologica");
    - = nella "verità", ovvero corrispondenza tra il nostro modo di "conoscerle" e il modo con cui Dio le conosce ("verità logica");
    - = nella "consapevolezza" che noi possiamo avere della "verità" conosciuta, per esperienza, giudizio, ragionamento, rivelazione ("verità formale");
- e per ulteriore analogia, alla "visione" delle cose che la Rivelazione offre alla nostra Fede;

– e per ulteriore analogia, alla "visione beatifica" che avrà, nell'Eternità, chi si è affidato a Cristo nella Chiesa con una sincera Fede e una vita conseguente.

L'arte, nelle sue diverse forme, è fatta per esprimere visibilmente e sensibilmente questa bellezza, come una sorta di "anticipazione" della visione della "Gloria" di Dio, che altro non è che lo "Splendore della Verità".

I L NONO COMANDAMENTO: NON DESIDERARE LA DONNA D'ALTRI

527. Che cosa richiede il nono Comandamento? (2514-2516 2528-2530)

Il nono Comandamento richiede di vincere la concupiscenza carnale nei pensieri e nei desideri. La lotta contro tale concupiscenza passa attraverso la purificazione del cuore e la pratica della virtù della temperanza.

Il *Nono Comandamento,* è un approfondimento del *Sesto Comandamento,* in quanto, come tutto l'insegnamento di Gesù nel *Vangelo,* riconosce nella "mente" ("intelligenza", "intelletto") e nel "cuore" ("affettività", "volontà") la radice causale delle azioni esteriori ("atti esterni") libere e volontarie dell'essere umano.

– Se il *Sesto Comandamento* indica gli "atti esteriori" (*atti esterni*) legati alle passioni relative alla sessualità, da tenere sotto il controllo della ragione, prevenendone lo scatenarsi incontrollabile;

– il *Nono Comandamento* chiede di attuare questa prevenzione con il controllo all'origine degli "atti interiori" (*atti interni*), parlando del "desiderio" che precede l'azione (*non desiderare*).

Ovviamente l'oggetto del desiderio, non solo "fisico" ("sessuale"), ma insieme anche "malsanamente affettivo" che lo può accompagnare, non è semplicemente la donna per l'uomo, ma anche reciprocamente l'uomo per la donna, e ancor più i desideri contro natura.

La mancanza di "regola" in questi desideri comporta, prima o poi, inevitabilmente, il passaggio dal pensiero all'azione, dal "desiderio" all'"atto", con conseguenze negative oltre che per il soggetto che li coltiva anche per l'eventuale complice che viene adescato.

E di conseguenza per le famiglie eventualmente coinvolte e, in particolare per i figli che si trovano ad essere trattati come un ostacolo e non come persone, fino alla loro possibile eliminazione con l'aborto, visto come "rimedio di copertura". Gli effetti che essi si trovano a dover pagare possono essere devastanti.

L'intera società ne viene, conseguentemente danneggiata. Per questo una legislazione che "normalizza" il divorzio e l'aborto è gravemente negativa e rende gravemente colpevoli quanti la promulgano.

La condanna del "divorzio" da parte di Gesù è molto esplicita (*cfr., Mt* 19,1-9) e quella dell'"aborto", con il quale atto viene infranto anche il *Quinto Comandamento* – è presente fino dall'Antico Testamento, ove si dice che il colpevole di un aborto, anche causato indirettamente, dovrà pagare «vita per vita» (*cfr. Es* 21,22-23).

---

528. **Che cosa proibisce il nono Comandamento?** (2517-2519 2531-2532)

Il nono Comandamento proibisce di coltivare pensieri e desideri relativi alle azioni proibite dal sesto Comandamento.

Questo numero esplicita ulteriormente, in forma di proibizione, quanto già detto a commento del numero precedente.

---

529. Come si giunge alla purezza del cuore? (2520)

*Il battezzato, con la Grazia di Dio e lottando contro i deside-
ri disordinati, giunge alla purezza del cuore mediante la virtù e
il dono della castità, la limpidezza d'intenzione, la trasparenza
dello sguardo esteriore ed interiore, la disciplina dei sentimenti e
dell'immaginazione, la preghiera.*

In positivo, in questo numero, si indicano gli strumenti e le abitudini ("abiti", "virtù") da coltivare per potenziare la capacità di
controllo della ragione sulle passioni relative alla sessualità. L'av-
vertimento da tenere sempre presente riguardo a tali passioni è
che la capacità di controllo da parte della ragione non è "diretta"
e "assoluta" ("dispotica", secondo la terminologia di Tommaso),
ma solo "parziale" e "preventiva" ("politica").

530. Quali altre esigenze ha la purezza? (2521-2527 2533)

*La purezza esige il pudore, che, custodendo l'intimità della per-
sona, esprime la delicatezza della castità, e regola sguardi e gesti
in conformità alla dignità delle persone e della loro comunione.
Essa libera dal diffuso erotismo e tiene lontano da tutto ciò che
favorisce la curiosità morbosa. Richiede anche una purificazione dell'ambiente sociale, mediante una lotta costante contro la
permissività dei costumi, basata su un'erronea concezione della
libertà umana.*

Questo numero indica i principali comportamenti che sono sotto il
controllo diretto della singola persona nei confronti degli altri. Allo stesso tempo indica anche la necessità di una "cultura sociale"
del corpo e dello spirito che favorisca la capacità di autocontrollo
delle singole persone. A questo proposito le nostre attuali società
sono gravemente danneggiate da una cultura del tutto negativa e
sfavorevole alla vita dignitosa della persona umana.

IL DECIMO COMANDAMENTO: NON DESIDERARE LA ROBA D'ALTRI

531. Che cosa richiede e che cosa proibisce il decimo Comandamento? (2534-2540 2551-2554)

Questo Comandamento, che completa il precedente, richiede un atteggiamento interiore di rispetto nei confronti della proprietà altrui e proibisce l'avidità, la cupidigia sregolata dei beni degli altri e l'invidia, che consiste nella tristezza provata davanti ai beni altrui e nel desiderio smodato di appropriarsene.

Il *Decimo Comandamento,* riguarda la relazione con le "cose", completando il Nono che riguarda la relazione con le "persone" della "famiglia" altrui.

Come

- il *Sesto Comandamento* si concentra sulle "azioni" ("atti") da compiere e su quelli da evitare, e il *Nono Comandamento* si concentra sui "desideri" che le precedono, nell'intento di educare gli animi (le menti e i cuori)

- così il *Settimo Comandamento* si concentra sulle "azioni" (*Non rubare*), e il *Decimo Comandamento* si concentra sui "desideri" che le precedono (*Non desiderare...*)

Così il *Nono Comandamento* e il *Decimo* completano rispettivamente anche il *Sesto* e il *Settimo* nell'intento di formare delle persone, non solo esteriormente, legalmente rispettose del prossimo, ma anche interiormente, intimamente convinte del bene che deriva per se stesse e per gli altri, da un comportamento buono ("virtuoso").

---

532. Che cosa chiede Gesù con la povertà del cuore? (2544-2547
2556)

*Ai suoi discepoli Gesù chiede di preferire Lui a tutto e a tutti. Il di-
stacco dalle ricchezze – secondo lo spirito della povertà evangelica – e l'abbandono alla provvidenza di Dio, che ci libera dall'ap-
prensione per il domani, preparano alla beatitudine dei «poveri
in spirito, perché a loro appartiene già il regno dei cieli» (Mt 5,3).*

Questo numero spiega che la *povertà evangelica* non ha niente
a che fare con il "pauperismo" che idolatra coloro che non hanno beni materiali, essendo piuttosto l'atteggiamento interiore, con
il conseguente comportamento esteriore, di colui che confida interamente in Cristo, riconoscendo in Lui il "criterio di priorità"
delle proprie scelte, lo scopo al quale dedicare la propria vita,
il centro sul quale edificare una famiglia, una comunità, il lavoro…, tutto. Compreso l'aiuto a coloro che sono materialmente
poveri, finalizzato a portarli a Cristo e non appena a soccorrerli
materialmente.

533. Qual è il più grande desiderio dell'uomo? (2548-2550 2557)

*Il più grande desiderio dell'uomo è vedere Dio. Questo è il grido
di tutto il suo essere: «Voglio vedere Dio!». L'uomo realizza la
sua vera e piena felicità nella visione e nella beatitudine di Colui che lo ha creato per amore e lo attira a sé con il suo infinito
amore.*

«Chi vede Dio, ha conseguito tutti i beni che si possono concepire» (san Gregorio di Nissa).

Qui si parla del "desiderio naturale di vedere Dio (*naturale desiderium videndi Deum*)".

Il "desiderio" di vedere Dio è connaturato con ogni creatura razionale. Anzi è un "bisogno" fisico, ontologico di tutto il suo essere.

La parola latina *desiderium* è più forte dell'italiano "desiderio", in quanto significa letteralmente "bisogno", necessità irrinunciabile. È una legge di natura scritta dal Creatore nella sua creatura.

San'Agostino lo ha espresso in maniera formidabile con la sua potente, e per questo notissima frase: «Il nostro cuore è inquieto fino a che non riposa in Te!» (*Confessioni,* 1.3).

IV – LA PREGHIERA CRISTIANA

Sezione prima: la preghiera nella vita cristiana

534. Che cos'è la preghiera? (2558-2505 2590)

La preghiera è l'elevazione dell'anima a Dio o la domanda a Dio di beni conformi alla sua volontà. Essa è sempre dono di Dio che viene ad incontrare l'uomo. La preghiera cristiana è relazione personale e viva dei figli di Dio con il loro Padre infinitamente buono, con il Figlio suo Gesù Cristo e con lo Spirito Santo che abita nel loro cuore.

Questo è un semplice cappello introduttivo al grande tema della *preghiera*. Si tratta di un atteggiamento proprio dell'essere umano che è documentato fino dai tempi più remoti (come ad esempio nella figura dell'"orante" nei graffiti della Val Camonica risalenti al neolitico).

Nella tradizione giudeo cristiana la preghiera assumerà uno stile insieme rituale, comunitario ("liturgia") e spirituale ("preghiera personale"). Gesù, in Persona, offrirà l'esempio e l'insegnamento di come pregare, fino dettare la preghiera del *Padre Nostro*.

I prossimi numeri dettaglieranno questi aspetti.

Capitolo primo
La rivelazione della preghiera

535. Perché esiste una chiamata universale alla preghiera? (2566-2567)

Perché Dio, per primo, tramite la Creazione, chiama ogni essere dal nulla, e, anche dopo la caduta, l'uomo continua ad essere capace di riconoscere il suo Creatore conservando il desiderio di Colui che l'aveva chiamato all'esistenza. Tutte le religioni, e in modo particolare tutta la Storia della Salvezza, testimoniano questo desiderio di Dio da parte dell'uomo, ma è Dio il primo ad attrarre incessantemente ogni persona all'incontro misterioso della preghiera.

La preghiera corrisponde al "senso religioso" naturale dell'essere umano che, accorgendosi di non essersi dato l'esistenza da solo, avverte il "desiderio naturale" di mettersi in comunicazione con il Creatore, del quale percepisce l'esistenza e al quale chiede protezione e benevolenza, rivolgendoglisi nel bisogno e per adorarlo e onorarlo.

Nei prossimi numeri il *Compendio* ripercorre la descrizione dell'esperienza della preghiera nel tracciato della Rivelazione, iniziando dall'*Antico Testamento* per giungere al *Nuovo Testamento* e all'insegnamento di Cristo, in ordine alla preghiera.

LA RIVELAZIONE DELLA PREGHIERA NELL'ANTICO TESTAMENTO

536. In che cosa Abramo è un modello di preghiera? (2570-2573 2592)

Abramo è un modello di preghiera perché cammina alla presenza di Dio, lo ascolta e gli obbedisce. La sua preghiera è un combattimento della fede perché egli continua a credere nella fedeltà di Dio anche nei momenti della prova. Inoltre, dopo aver ricevuto nella propria tenda la visita del Signore che gli confida il proprio disegno, Abramo osa intercedere per i peccatori con audace confidenza.

Il *Compendio* dedica cinque numeri alla preghiera, vissuta dai Patriarchi, dai Re e dai Profeti, nell'*Antico Testamento*. L'importanza di questi numeri è rilevante per come documentano la "naturalezza" con la quale, questi grandi personaggi, hanno vissuto una "familiarità" con Dio, nella consapevolezza totale della "trascendenza" di Dio.

Questo "gioco" di trascendenza-immanenza è una preparazione velata alla "logica dell'Incarnazione" che si attuerà esplicitamente nella "divino-umanità" di Gesù Cristo, il Verbo fatto carne.

Dal punto di vista "educativo", per noi oggi, normalmente non più abituati – salvo casi di famiglie ormai eccezionali, nelle quali si respira e si educa a tale "familiarità" – a questo modo di concepire noi stessi e vivere la "giornata" in una rasserenante consapevolezza della vicinanza continua di Dio Creatore, è un grande insegnamento. La preghiera e l'affidamento al Signore divengono sempre più desiderati, regolari, inseriti nel modo "normale" di affrontare la giornata e le decisioni che si devono prendere. Il ringraziamento si libera dalla formalità e si arricchisce di una positività sinceramente affettiva, verso Dio e le persone che ci stanno vicine condividendo con noi la vita.

Abramo dimostra una confidenza così "libera" nel rapporto con Dio da osare, pur con totale rispetto, di essere anche coraggiosa, per non dire sfacciata, fino a contrattare con Dio.

La sua "preghiera di domanda" è "autorevole", facendo leva sulla coerenza con Se Stesso, alla quale Dio non viene meno per definizione/essenza.

In epoca cristiana troveremo una simile forma di "preghiera autorevole", ad esempio nel *Memorare* di san Bernardo, per chiedere l'intercessione della Vergine Maria: «Ricordati, pissima Vergine Maria che, non si è mai sentito dire nel corso dei secoli, che chiunque sia ricorso alla tua protezione, abbia implorato il tuo aiuto, chiesto insistentemente il tuo intervento, sia stato abbandonato... (*Memorare, pissima Virgo Maria, a saeculo non esse auditum, quémquam ad tua currentem præsìdia, tua implorantem auxilia, tua petentem suffragia, esse derelictum*)». Quasi a dire: *non puoi non ascoltarmi!.*

---

537. **Come pregava Mosè?** (2574-2577 2593)

La preghiera di Mosè è tipica della preghiera contemplativa: Dio, che chiama Mosè dal Roveto ardente, s'intrattiene spesso e a lun-

go con lui «faccia a faccia, come un uomo con il suo amico»
(Es 33,11). Da questa intimità con Dio, Mosè attinge la forza
per intercedere con tenacia a favore del popolo: la sua preghiera
prefigura così l'intercessione dell'unico mediatore, Cristo Gesù.

Qui si parla soprattutto della *preghiera contemplativa*. Mosè ha
un rapporto con Dio basato sulle "visioni prodigiose", dinanzi alle
quali egli non può che mettersi in atteggiamento di pura "adorazione" e di "ascolto" di quanto gli viene richiesto da Dio, per la
salvezza, il bene del popolo eletto.

> «"Non avvicinarti! Togliti i sandali dai piedi, perché il
> luogo sul quale tu stai è una terra santa!".
>
> E disse: "Io sono il Dio di tuo padre, il Dio di Abra-
> mo, il Dio di Isacco, il Dio di Giacobbe". Mosè allora
> si velò il viso, perché aveva paura di guardare verso
> Dio» (*Es* 3,5-6).

Questo atteggiamento adorante è proprio di chi non viene schiac-
ciato dalla trascendenza di Dio; non toglie la libertà all'uomo.
Anzi lo incoraggia a richiedere "autorevolmente" a Dio il Suo intervento onnipotente quando le sole forze umane si dimostrano
evidentemente inadeguate.

> «Mosè disse al Signore: "Perché hai trattato così ma-
> le il tuo servo? Perché non ho trovato grazia ai tuoi
> occhi, tanto che tu mi hai messo addosso il carico di
> tutto questo popolo? L'ho forse concepito io tutto que-
> sto popolo? O l'ho forse messo al mondo io perché
> tu mi dica: Portatelo in grembo, come la balia porta
> il bambino lattante, fino al paese che tu hai promesso
> con giuramento ai suoi padri? Da dove prenderei la
> carne da dare a tutto questo popolo? Perché si lamenta
> dietro a me, dicendo: Dacci da mangiare carne! Io non
> posso da solo portare il peso di tutto questo popolo; è
> un peso troppo grave per me"» (*Num* 11,11-14).

Sono le caratteristiche tipiche di un'esperienza "mistica", come quelle concesse, successivamente, in epoca cristiana ad alcuni santi contemplativi, che hanno avuto anche la libertà di "lamentarsi" con il Signore, proprio in nome di una assolutamente rispettosa "familiarità" che avevano con Lui.

Santa Teresa d'Avila

> «si rivolgeva a Dio con schiettezza di donna risoluta: "Signore, dopo tante noie, ci voleva anche questo guaio!". Dio le rispose: "Teresa, io tratto così i miei amici". E lei, di rimando: "Ah, Dio mio, ora capisco perché ne avete così pochi!"» (*aneddoto*).

E altre volte, come faceva santa Caterina da Siena, quasi a chiedere/pretendere da Dio di essere "coerente con se stesso" nell'esercizio del Bene che è il Suo stesso essere, fino a "farlo arrendere" alla Logica che è il Suo stesso Essere:

> «Costretto sono di farlo dalla inestimabile carità mia» (*Dialogo della Divina Provvidenza*, 4,9).

---

538. Quali rapporti hanno nell'Antico Testamento il tempio e il re con la preghiera? (2578-2580 2594)

All'ombra della dimora di Dio – l'Arca dell'Alleanza, poi il Tempio – si sviluppa la preghiera del Popolo di Dio sotto la guida dei suoi pastori. Fra loro, Davide è il re «secondo il cuore di Dio», il pastore che prega per il suo popolo. La sua preghiera è un modello per la preghiera del popolo, poiché è adesione alla promessa divina e fiducia, colma d'amore, in Colui che è il solo Re e Signore.

In questo numero, e nei due successivi, ci si limita ad un accenno al ruolo e all'esperienza della preghiera nell'*Antico Testamento* facendo riferimento, quasi simbolicamente ai tre pilastri portanti che lo caratterizzano: i "Re", i "Profeti" e i "Salmi". Come rappresentante emblematico della prima categoria (quella dei "Re") viene preso Davide (*il re «secondo il cuore di Dio, il pastore che prega per il suo popolo»*).

Davide insegna al popolo a fidarsi più di Dio che degli uomini, a ragionare secondo la logica della Provvidenza, piuttosto che su quella del potere.

539. Qual è il ruolo della preghiera nella missione dei profeti? (2581-2584)

I profeti attingono dalla preghiera luce e forza per esortare il popolo alla fede e alla conversione del cuore. Entrano in una grande intimità con Dio e intercedono per i fratelli, ai quali annunciano quanto hanno visto e udito dal Signore. Elia è il padre dei profeti, di coloro cioè che cercano il Volto di Dio. Sul Monte Carmelo egli ottiene il ritorno del popolo alla fede grazie all'intervento di Dio, da lui supplicato così: «Rispondimi, Signore, rispondimi!» (1 Re 18,37).

Come seconda categoria rappresentativa dell'esperienza della preghiera nell'*Antico Testamento,* il *Compendio* non può non considerare quella dei "Profeti". La figura emblematica che viene identificata è quella del profeta *Elia* che è identificato come *il padre dei profeti, di coloro cioè che cercano il Volto di Dio.* La sua preghiera è al contempo:

– "contemplativa" (egli fa esperienza di una *grande intimità con Dio*) nell'ottica della "familiarità" con Dio, la presenza del quale è parte del suo modo di pensare a se stesso, al popolo e a tutta la realtà;

– ed è "preghiera di intercessione" (*ottiene il ritorno del popolo alla fede grazie all'intervento di Dio, da lui supplicato*), come una sorta di partecipazione attraverso la quale Dio "delega" alla libertà dell'uomo "qualcosa" della Sua stessa libertà. E questo "qualcosa" il profeta lo "spende" attraverso la preghiera, atto con il quale egli "restituisce", come nel "culto", la libera decisione a Dio stesso.

540. Qual è l'importanza dei Salmi nella preghiera? (2579 2585-2589 2596-2597)

I Salmi sono il vertice della preghiera nell'Antico Testamento: la Parola di Dio diventa preghiera dell'uomo. Inseparabilmente personale e comunitaria, questa preghiera, ispirata dallo Spirito Santo, canta le meraviglie di Dio nella creazione e nella storia della salvezza. Cristo ha pregato i Salmi e li ha portati a compimento. Per questo essi rimangono un elemento essenziale e permanente della preghiera della Chiesa, adatti agli uomini di ogni condizione e di ogni tempo.

Infine l'*Antico Testamento* contiene una raccolta di preghiere come i Salmi, il valore dei quali è confermato dalla storia, oltre che dal loro stile anche poetico, non del tutto alterato neppure dalla difficoltà delle traduzioni nelle lingue moderne. Si può dire veramente che *i Salmi sono il vertice della preghiera nell'Antico Testamento* e non solo. Tanto è vero che vengono tuttora letti durante la "liturgia eucaristica", dopo la "prima lettura", e recitati quotidianamente nella "liturgia delle ore", suddivisa attualmente in cicli di quattro settimane, così da poter recitare l'intero salterio (i centocinquanta salmi) nell'arco di ogni mese.

Sono espressione della preghiera *personale e comunitaria*, comprendendo:

- il canto di "lode" a Dio che *canta le meraviglie di Dio nella creazione e nella storia della salvezza*;

- la preghiera di "invocazione" e di "domanda" di aiuto nella quale *la Parola di Dio diventa preghiera dell'uomo*;

- la preghiera corale, di ringraziamento, del popolo che sale i "gradini" del tempo ripetendo un'antifona, con i salmi "graduali";

– la preghiera di imprecazione di fronte al male commesso dall'uomo che si pone contro Dio e la richiesta a Dio di intervenire per ripristinare il riconoscimento della Verità, del Bene e della Giustizia;

– la preghiera di pentimento per i propri peccati e la richiesta di perdono rivolta a Dio.

Tutte queste modalità di preghiera dell'*Antico Testamento* vengono ereditiate nel *Nuovo Testamento,* divenendo *preghiera della Chiesa* essendo *adatti agli uomini di ogni condizione e di ogni tempo.*

Infatti *Cristo ha pregato i Salmi e li ha portati a compimento (Non pensate che io sia venuto ad abolire la Legge o i Profeti; non son venuto per abolire, ma per dare compimento, Mt 5,17).*

LA PREGHIERA È PIENAMENTE RIVELATA E ATTUATA IN GESÙ

541. **Da chi Gesù ha imparato a pregare?** (2599 2620)

Gesù, secondo il suo cuore di uomo, ha imparato a pregare da sua Madre e dalla tradizione ebraica. Ma la sua preghiera sgorga da una sorgente più segreta, poiché è il Figlio eterno di Dio che, nella Sua santa umanità, rivolge a suo Padre la preghiera filiale perfetta.

Questo numero parla della preghiera fatta dal Signore, tenendo conto della sua "duplice natura", "umana" e "divina", nell'unità della Sua "Persona divina".

– Come "uomo", nato da Maria, Egli ha appreso *a pregare da sua Madre e dalla tradizione ebraica*; e insieme a Maria anche da Giuseppe che è stato il " ha padre legale" (putativo) di Gesù;

– Come "Dio", Verbo del Padre, personalità divina di Cristo e come "Uomo glorificato" fruitore della "visione beatifica", Egli prega il Padre attraverso la Sua relazione intratrinitaria (*poiché è il Figlio eterno di Dio*), nella quale la Sua Volontà divina è eternamente conforme a quella del Padre e con essa anche la Sua volontà umana (*nella Sua santa umanità, rivolge a suo Padre la preghiera filiale perfetta*).

Per quanto il nostro modo umano di esprimerci non sia in grado di definire e di descrivere, oltre i limiti dalla sua "capienza", ciò che accade nella "Persona divina" e nell'"umanità di Cristo", questo numero ne dà una descrizione adeguata per la nostra ragione e sufficiente per la nostra fede.

542. **Quando pregava Gesù?** (2600-2604 2620)

Il Vangelo mostra spesso Gesù in preghiera. Lo vediamo ritirarsi in solitudine, anche la notte. Prega prima dei momenti decisivi della sua missione o di quella degli Apostoli. Di fatto, tutta la sua vita è preghiera, poiché è in costante comunione d'amore con il Padre.

Sul fatto che Gesù pregasse abbiamo una documentazione esplicita nei Vangeli (*Il Vangelo mostra spesso Gesù in preghiera*). Gesù prega "individualmente" con il Padre (*lo vediamo ritirarsi in solitudine, anche la notte*), in quanto la relazione tra Dio Padre e il Verbo è solo "per analogia" paragonabile con la nostra relazione con Dio Padre, essendo essenzialmente diversa, infinitamente superiore. Per questo non c'è una modalità comunitaria, documentata, della preghiera di Cristo fatta insieme agli Apostoli e ai discepoli.

Egli parlerà, infatti del Padre secondo due modalità diverse per indicare la Sua relazione con il Padre e la nostra relazione con Dio Padre: «Io salgo al Padre *mio* e Padre *vostro*, Dio *mio* e Dio *vostro*» (*Gv,* 17). Non accomuna le due modalità dicendo "nostro", ma «*Mio*» e «*vostro*».

Al Tempio Gesù salirà piuttosto per "insegnare". È significativo rilevare in quanti passi dei Vangeli questo "insegnare" nel Tempio è documentato.

«Entrato nel Tempio, mentre *insegnava*» (*Mt* 21,23).

«Gesù continuava a parlare, *insegnando* nel Tempio» (*Mc* 12,35).

«Ogni giorno ero in mezzo a voi a *insegnare* nel Tempio» (*Mc* 14,49).

«Ogni giorno *insegnava* nel Tempio» (*Lc* 19,47).

«Mentre *istruiva* il popolo nel Tempio (*Lc* 20,1).

«Durante il giorno *insegnava* nel Tempio, la notte usciva e pernottava all'aperto sul monte detto degli Ulivi. E tutto il popolo veniva a Lui di buon mattino nel Tempio per ascoltarlo» (*Lc* 21,37-38).

«Gesù salì al tempio e vi *insegnava*» (*Gv* 7,14).

«Gesù allora, mentre *insegnava* nel Tempio» (*Gv* 7,28).

Sono, piuttosto gli uomini, i fedeli, a salire al Tempio per la preghiera sia personale che comunitaria. Lascio al lettore interessato la ricerca dei passi. Qui mi limito solamente a citare gli *Atti degli Apostoli* che, anche dopo la Risurrezione di Gesù, mantennero la pratica della preghiera fatta insieme al Tempio (qui all'"ora nona").

«Un giorno Pietro e Giovanni salivano al tempio per la preghiera verso le tre del pomeriggio» (*At* 3,1).

---

543. Come ha pregato Gesù nella sua passione? (2605-2606 2620)

La preghiera di Gesù durante la sua agonia nell'Orto del Getsemani e le sue ultime parole sulla Croce rivelano la profondità della sua preghiera filiale: Gesù porta a compimento il disegno d'amore del Padre e prende su di sé tutte le angosce dell'umanità, tutte le domande e le intercessioni della storia della Salvezza.

*Egli le presenta al Padre che le accoglie e le esaudisce, al di là di
ogni speranza, risuscitandolo dai morti.*

Questo numero è dedicato al "modo" in cui Cristo si rivolgeva al
Padre.

Il modo con il quale Gesù, il Figlio di Dio, si rivolge al Padre,
è un modo proprio del rapporto tra due Persone della Santissima
Trinità.

Non si deve dimenticare che anche l'Uomo Gesù ha un "personalità divina" ed è la Sua Persona il soggetto che si rivolge al
Padre.

E il Padre gli è "Padre" secondo una modalità diversa dal modo in
cui un padre puramente umano è "padre" per suo figlio. E di quella modalità la nostra modalità umana è una pallida "analogia", come Cristo stesso ha fatto notare ai Suoi ascoltatori distinguendo le
due modalità irriducibili della Paternità di Dio, dicendo: «Io salgo
al *Padre mio* e *Padre vostro,* Dio mio e Dio vostro» (*Gv,* 17).

Per cui il modo con cui Gesù prega il Padre rimane per noi ultimamente insondabile ed è un segreto tra le due Persone della
Trinità.

I Vangeli documentano in numerosi passi il modo "solitario", rispetto agli altri uomini, con il quale Gesù pregava il Padre.

> «Congedata la folla, salì sul monte, in disparte, a pre-
> gare. Venuta la sera, Egli se ne stava lassù, da solo»
> (*Mt* 14,23).
> «Quando li ebbe congedati, andò sul monte a pregare»
> (*Mc* 6,46).
> «In quei giorni Egli se ne andò sul monte a pregare e
> passò tutta la notte pregando Dio» (*Lc* 6,12).
> «Ma Gesù, sapendo che venivano a prenderlo per farlo
> re, si ritirò di nuovo sul monte, lui da solo» (*Gv* 6,15).
> «Gesù partì di là su una barca e si ritirò in un luogo
> deserto, in disparte» (*Mt* 14,13).

«Al mattino presto si alzò quando ancora era buio e, uscito, si ritirò in un luogo deserto, e là pregava» (*Mc* 1,35).

«Sul far del giorno uscì e si recò in un luogo deserto» (*Lc* 4,42).

544. Come Gesù ci insegna a pregare? (2608-2014 2621)

Gesù ci insegna a pregare, non solo con la preghiera del Padre nostro, ma anche quando prega. In questo modo, oltre al contenuto, ci mostra le disposizioni richieste per una vera preghiera: la purezza del cuore, che cerca il Regno e perdona i nemici; la fiducia audace e filiale, che va al di là di ciò che sentiamo e comprendiamo; la vigilanza, che protegge il discepolo dalla tentazione.

Questo numero è dedicato al "modo" in cui Cristo insegna ai Suoi, e quindi anche a noi, a rivolgersi al Padre, e quindi anche a Lui e allo Spirito Santo, nella preghiera. Ma prima di presentarci la preghiera del *Padre Nostro,* che è quella che Gesù stesso ha dettato come la preghiera per eccellenza, fatta apposta per noi, il *Compendio* si concentra, nei numeri successivi a questo, sul "modo" di pregare, che ci serve imparare. Lo fa per "esemplarità", a partire dal modo di pregare:

– di Gesù stesso

– di Maria Sua madre

– della prima comunità cristiana (la Chiesa dei tempi apostolici).

E descrivendo le diverse "forme" di preghiera presenti nella Scrittura e sviluppatesi nella Tradizione.

545. Perché è efficace la nostra preghiera? (2615-2616)

La nostra preghiera è efficace, perché è unita nella fede a quella di Gesù. In lui la preghiera cristiana diventa comunione d'amore con il Padre. Possiamo in tal caso presentare le nostre richieste a Dio e venire esauditi: «Chiedete e otterrete, perché la vostra gioia sia piena» (Gv 16,24).

Ma prima di tutto qui si spiega il "motivo" della "nostra preghiera" che è la sua "efficacia". Se la preghiera non avesse, per sua stessa natura – per sua essenza – una efficacia "oggettiva", anche quando tale efficacia non appare ai nostri occhi, essa sarebbe inutile e immotivata.

Dicendo che *la nostra preghiera è efficace, perché è unita nella fede a quella di Gesù* si fa capire che essa è *efficace* in quanto è Cristo stesso a fondarne l'efficacia, in quanto Egli affida, in qualche misura, alla nostra libertà, una "frazione" – per così dire – della Sua Libertà, alla nostra volontà, una "frazione" della Sua Volontà. In questo modo Egli dimostra di volere che noi diveniamo effettivi "collaboratori" della Salvezza, resi capaci di "meritare" di esserlo.

Non si è accontentato di rimetterci in libertà dalla schiavitù dal demonio, contratta con il rifiuto della "giustizia originale", ma ha voluto ridarci la "dignità del lavoro" per l'edificazione della nostra vita cristiana e della costruzione della Chiesa.

Questo lo si esprimeva, un tempo con l'appellativo di "edificante" (letteralmente "costruttiva" di un edificio) con il quale si qualificava ogni "atto buono".

---

546. Come pregava la Vergine Maria? (2617; 2018 2622; 2674 2679)

La preghiera di Maria è caratterizzata dalla sua fede e dall'offerta generosa di tutto il suo essere a Dio. La Madre di Gesù è

anche la Nuova Eva, la «Madre dei viventi»: essa prega Gesù,
suo Figlio, per i bisogni degli uomini.

La vita di preghiera della Vergine Maria è documentata:

– prima di tutto, dalla sua disponibilità ad accogliere l'*Annun-*
ciazione, fattale dall'Arcangelo Gabriele, dell'Incarnazione del Verbo, del Figlio di Dio in Lei (*dalla sua fede e*
dall'offerta generosa di tutto il suo essere a Dio);

– dal riconoscere il "potere" divino onnipotente che è proprio
di Gesù, nella consapevolezza segnata nella carne di lei, che
il Padre di suo Figlio è Dio stesso. Così *essa prega Gesù,*
suo Figlio, per i bisogni degli uomini, in quanto sa che è
Dio.

---

547. Esiste nel Vangelo una preghiera di Maria? (2619)

Oltre all'intercessione di Maria a Cana di Galilea, il Vangelo ci
consegna il Magnificat (Lc 1,46-55), che è il cantico della Madre
di Dio e quello della Chiesa, il grazie gioioso che sale dal cuore
dei poveri perché la loro speranza è realizzata dal compimento
delle promesse divine.

In questo numero, che completa quello precedente, si documenta

– richiamando l'episodio di Cana di Galilea, come Maria abbia "pregato" Gesù *per i bisogni degli uomini* («Non hanno
più vino», *Gv* 2,3)

– e come ella stessa abbia saputo pregare, lodando Dio, con
un inno straordinario come il *Magnificat*.

LA PREGHIERA NEL TEMPO DELLA CHIESA

548. Come pregava la prima comunità cristiana di Gerusalemme? (2623-2624)

All'inizio degli Atti degli Apostoli è scritto che nella prima comunità di Gerusalemme, educata dallo Spirito Santo alla vita di preghiera, i credenti «erano assidui nell'ascoltare l'insegnamento degli Apostoli, e nell'unione fraterna, nella frazione del pane e nelle preghiere» (At 2,42).

A partire da questo numero si parla della *preghiera "della" e "nella" Chiesa,* così come essa inizia ad essere praticata a partire

- dall'esempio di come Gesù e Maria pregavano
- e dal contenuto "dottrinale" e "affettivo", ovvero "spirituale"
  = delle preghiere già in uso nell'Antico Testamento, come i Salmi e Cantici («Ogni giorno tutti insieme frequentavano il Tempio», *At* 2,46; «Un giorno Pietro e Giovanni salivano al tempio per la preghiera verso le tre del pomeriggio», *At* 3,1)
  = e soprattutto del *Padre Nostro,* la preghiera per eccellenza, in quanto è stata letteralmente dettata dal Signore.

549. Come interviene lo Spirito Santo nella preghiera della Chiesa? (2623; 2625)

Lo Spirito Santo, Maestro interiore della preghiera cristiana, forma la Chiesa alla vita di preghiera e la fa entrare sempre più profondamente nella contemplazione e nell'unione con l'insondabile mistero di Cristo. Le forme di preghiera, quali sono espresse negli Scritti apostolici e canonici, rimarranno normative per la preghiera cristiana.

Lo Spirito Santo, che Gesù ha dichiarato essere «lo Spirito di Verità» (*Gv* 14,17) e «il Consolatore» (*Gv* 14,26), illuminerà, nel corso della storia della Chiesa, i Padri e i Santi – e sulla loro scia ed esempio, i fedeli seriamente impegnati con la loro fede – dirigendoli ad una "comprensione" (intelletto, conoscenza) e ad un'"affezione" (volontà, sentimento) via via più profonda della dottrina di Cristo e del Suo modo di amare (carità).

Si consolideranno, così, lungo i secoli della Tradizione, le preghiere "classiche", che si insegnano ai bambini e ai nuovi convertiti, gli inni e i canti della liturgia solenne, come di quella popolare, il Rosario e le litanie, le Benedizioni eucaristiche e quelle di persone, animali, case, immagini sacre e oggetti nelle più diverse circostanze, l'uso dell'acqua benedetta e i sacramentali. Tutto compiuto con la luce dei doni dello Spirito Santo, nel rispetto suscitato dal Timore di Dio.

E quando tutto ciò viene meno e il rispetto del sacro degenera in banalità ed esibizionismo, si ha un chiaro segno dell'infiacchimento, quando non dello spegnimento, della fede.

---

550. Quali sono le forme essenziali della preghiera cristiana? (2643-2644)

Sono la benedizione e l'adorazione, la preghiera di domanda e l'intercessione, il ringraziamento e la lode. L'Eucaristia contiene ed esprime tutte le forme di preghiera.

Questo numero elenca *le forme essenziali* di preghiera con le quali nella Tradizione della Chiesa, si è espressa la voce del popolo cristiano nel rivolgersi a Dio e nel ricevere da Lui i doni della Grazia. Nei numeri seguenti ciascuna di queste modalità della preghiera cristiana viene definita e spiegata nel suo autentico significato e valore. Ogni credente è, perciò, guidato ad imparare questi contenuti dottrinali, oltre che per formarsi una chiarezza di idee, anche per apprendere l'uso appropriato dei termini.

551. Che cos'è la Benedizione? (2626-2627 2645)

La Benedizione è la risposta dell'uomo ai doni di Dio: noi bene-diciamo l'Onnipotente che per primo ci benedice e ci colma dei suoi doni.

La benedizione, come qui viene descritta, è rivolta principalmente a Dio, in segno di gratitudine per i doni che riceviamo da Lui, continuamente. L'esistenza nella modalità della vita è il primo dono di cui ringraziare, al mattino appena svegli e alla sera a conclusione della giornata. Oltre che in ogni altra occasione che ci si ripresenta.

Nell'Antico e Nuovo Testamento sono presenti preghiere, inni e cantici, che iniziano con una benedizione rivolta a Dio.

Benedicendo Dio, fino dall'Antico Testamento, si sono benedette anche le persone e le cose, in segno di offerta di queste a Dio, in una sorta di atto di "restituzione" parziale o totale del dono ricevuto (in questo consiste propriamente la virtù di religione). E la conseguente richiesta di protezione, invocata da Dio stesso, su quelle persone e quelle cose.

552. Come si può definire l'adorazione? (2628)

L'adorazione è la prosternazione dell'uomo, che si riconosce creatura davanti al suo Creatore tre volte santo.

L'adorazione è dovuta solo a Dio, da parte dell'uomo, in quanto è il suo Creatore. Nessuno, se non Dio, è il Creatore, il datore totale dell'essere e dell'esistenza. Di conseguenza nessuno, se non Dio e solamente Dio, può essere adorato come tale. Ogni atto di "adorazione" rivolto a chi o a ciò che non è Dio, è "idolatria" in quanto attribuisce ad una "creatura" ciò che spetta solo al Creatore. È la più grave menzogna si possa dare e, come tale, fino dall'Antico Testamento, è giudicato come l'"ingiustizia" (il peccato) più grave verso Dio.

553. Quali sono le diverse forme della preghiera di domanda? (2629-2633 2646)

Può essere una domanda di perdono o anche una richiesta umile e fiduciosa per tutti i nostri bisogni sia spirituali che materiali. Ma la prima realtà da desiderare è l'avvento del Regno.

Dall'adorazione di Dio come Creatore, dal quale il nostro essere ed esistere trae la sua origine, la sua permanenza, il suo "destino" o "fine ultimo", segue naturalmente la preghiere come "domanda" di tutto ciò che ci è necessario e utile in vista del raggiungimento dello scopo per il quale siamo creati e viviamo, insieme alla richiesta di "perdono" per ogni deviazione dal "giusto rapporto" con Lui (il peccato).

554. In cosa consiste l'intercessione? (2634-2636 2647)

L'intercessione consiste nel chiedere in favore di un altro. Essa ci conforma e ci unisce alla preghiera di Gesù, che intercede presso il Padre per tutti gli uomini, in particolare per i peccatori. L'intercessione deve estendersi anche ai nemici.

Ci sono due modi nei quali si ha l'intercessione.

- Nel primo modo siamo noi il "soggetto che intercede". Si tratta, allora, della preghiera che noi rivolgiamo a Dio per il bene di un'altra persona il cui destino ci sta a cuore.

    In linea di principio il destino di ogni essere umano non può non starci a cuore (compreso chi ci è nemico) in quanto è una creatura di Dio, voluta e amata da Lui perché raggiunga lo scopo per cui è creata.

    Prima di tutto la preghiera di intercessione è per chi ci è più vicino (il "prossimo").

– Nel secondo modo noi ci rivolgiamo alla Vergine Maria, agli Angeli e ai santi, come a chi può intercedere per noi, per ottenere un bene necessario alla Salvezza e alla vita terrena nella sua concretezza.

---

555. Quando si rende a Dio l'azione di grazie? (2637-2638 2648)

La Chiesa rende grazie a Dio incessantemente, soprattutto celebrando l'Eucaristia, in cui Cristo la fa partecipare alla sua azione di grazie al Padre. Ogni avvenimento diventa per il cristiano motivo d'azione di grazie.

Questo numero è autoesplicativo. Basti il fatto che la parola "Eucaristia", nella sua etimologia significa "Buona Grazia", ovvero "Ringraziamento".

---

556. Che cos'è la preghiera di lode? (2639-2043 2649)

La lode è la forma di preghiera che più immediatamente riconosce che Dio è Dio. É completamente disinteressata: canta Dio per se stesso e gli rende gloria perché Egli è.

Anche questo numero è di immediata comprensione.

È bene ricordarcene anche quando, durante la S. Messa festiva si canta l'inno del *Gloria,* nel quale si ringrazia Dio perché esiste nella Gloria, dicendo: «Ti rendiamo grazie per la Tua Gloria immensa».

Capitolo secondo
La tradizione della preghiera

557. **Qual è l'importanza della Tradizione in rapporto alla preghiera?** (2050-2051)

Nella Chiesa è attraverso la Tradizione vivente che lo Spirito Santo insegna a pregare ai figli di Dio. Infatti, la preghiera non si riduce allo spontaneo manifestarsi di un impulso interiore, ma implica contemplazione, studio e comprensione delle realtà spirituali di cui si fa esperienza.

Nella storia della Chiesa, la preghiera non ha avuto solo e principalmente la forma "spontanea", affidata alle disposizioni della singola persona, ma anche nella sua forma "personale" e silenziosa essa si è "riferita" e via via anche "codificata" in forme ufficiali, tramandate nella "Tradizione", per la loro "origine":

– risalente a Gesù stesso, come nel caso del *Padre Nostro*;

– o alla sacra Scrittura, come nel caso dei *Salmi* e di alcuni cantici tratti dai libri dei Profeti e oggi inclusi nella *Liturgia delle Ore*;

– e ai Vangeli, come nel caso dell'*Ave Maria,* la prima parte delle quale è costituita dal Saluto dell'Arcangelo Gabriele al momento dell'Annunciazione; e nel caso dei tre Cantici del *Cantico di Zaccaria* (*Benedictus*), del *Cantico di Maria* (*Magnificat*) e del *Cantico di Simeone* (*Nunc dimittis*);

– e successivamente alle esperienze spirituali dei santi e alle spiritualità degli Ordini monastici e religiosi;

– nella liturgia alle preghiere offertoriali della *Didachè,* risalente ai Padri Apostolici, alle preghiere eucaristiche (anafore) dei grandi Vescovi dei primi secoli;

– e ancora nel Rosario e nelle varie Litanie.

È necessario conoscere almeno le principali preghiere tradizionali (riportate anche in Appendice al *Compendio* (e nel secondo volume di questa piccola collana di riflessioni su quel testo). E affezionarsi ad esse con l'uso quotidiano, così da essere più direttamente coinvolti anche affettivamente con la Comunione dei Santi, che le hanno recitate lungo i secoli.

ALLE SORGENTI DELLA PREGHIERA

558. **Quali sono le sorgenti della preghiera cristiana?** (2652-2662)

Esse sono: la Parola di Dio, che ci dà la «sublime scienza» di Cristo (Fil 3,8); la Liturgia della Chiesa, che annuncia, attualizza e comunica il mistero della salvezza; le virtù teologali; le situazioni quotidiane, perché in esse possiamo incontrare Dio.

«Vi amo, Signore, e la sola grazia che vi chiedo è di amarvi eternamente. Mio Dio, se la mia lingua non può ripetere, ad ogni istante, che vi amo, voglio che il mio cuore ve lo ripeta tutte le volte che respiro» (san Giovanni Maria Vianney).

Qui si indicano le *sorgenti della preghiera*. Con la parola *sorgenti* dobbiamo intendere quelle "cause" che suscitano come "effetto" il "desiderio" della preghiera e il suo conseguente "esercizio". Come un'"esperienza" benefica di "compagnia" ("comunione") con il Signore, abituandosi quotidianamente, un po' alla volta alla quale, ci si accorge di non potere fare più a meno. La testimonianza del santo Curato d'Ars, riportata, ne è una documentazione.

IL CAMMINO DELLA PREGHIERA

559. **Nella Chiesa esistono diversi cammini di preghiera?** (2663)

Nella Chiesa esistono diversi cammini di preghiera, legati ai differenti contesti storici, sociali e culturali. Spetta al Magistero discernere la loro fedeltà alla tradizione della fede apostolica, e ai pastori e ai catechisti di spiegarne il senso, che è sempre riferito a Gesù Cristo.

I *diversi cammini di preghiera* ai quali questo numero fa riferimento, senza esplicitare quali siano, sono detti invece esplicitamente nel testo completo del *Catechismo della Chiesa Cattolica* al n. 2663. Questi sono identificati come «parole, melodie, gesti, iconografia».

---

560. **Qual è la via della nostra preghiera?** (2664 2680-2681)

La via della nostra preghiera è Cristo, perché essa si rivolge a Dio nostro Padre, ma giunge fino a Lui solo se, almeno implicitamente, noi preghiamo nel Nome di Gesù. La sua umanità è, in effetti, l'unica via per la quale lo Spirito Santo ci insegna a pregare il nostro Padre. Perciò le preghiere liturgiche si concludono con la formula: «Per il nostro Signore Gesù Cristo».

Dicendo che *la via della nostra preghiera è Cristo* questo numero non fa che riprendere quanto il Signore ha espressamente insegnato dicendo di essere Lui *la Via* («Io sono la Via, la Verità e la Vita», *Gv* 14,6). Essendo vero uomo e vero Dio, mediante l'unione ipostatica che attua l'Incarnazione del Verbo, Cristo è l'unico ad essere in grado di "collegare" ogni essere umano con Dio-Trinità, ristabilendo il "giusto" rapporto tra l'uomo e Dio. Attraverso la *Sua umanità* a noi è aperto l'accesso alla Sua divinità, e quindi a Dio stesso.

Santa Teresa d'Avila, lo comprese, sperimentandolo in un modo "esistenzialmente" intenso, nelle sua esperienza di mistica dell'umanità di Cristo.

«Per me, ho sempre riconosciuto e tuttora riconosco che non possiamo piacere a Dio, né Dio accorda le sue grazie se non per il tramite dell'Umanità santissima di Cristo, nel quale ha detto di compiacersi. Ne ho fatta molte volte l'esperienza, e me l'ha detto Lui stesso, per cui posso dire di aver veduto che per essere a parte dei segreti di Dio, bisogna passare per questa porta. Perciò chi lo segue non voglia cercare altra strada, nemmeno se già al sommo della contemplazione, perché di qui si è sicuri. Da questo dolce Signore ci deriva ogni bene. Egli ci istruirà. Studi la Sua vita e non troverà un modello più perfetto» (Teresa d'Avila, *Vita,* c. XXII, 6-7).

Significativamente Teresa riprende il termine "porta", che il Signore stesso ha applicato a se stesso, oltre al termine "via" («In verità, in verità vi dico: io sono la porta delle pecore», *Gv* 10,7).

Viene così spiegata anche la formula liturgica che viene regolarmente ripetuta dal celebrante al termine di ogni orazione della santa Messa e della *Liturgia delle Ore* (*Perciò le preghiere liturgiche si concludono con la formula:* «*Per il nostro Signore Gesù Cristo*»).

561. Qual è il ruolo dello Spirito Santo nella preghiera? (2670-2672 2680-2681)

Poiché lo Spirito Santo è il Maestro interiore della preghiera cristiana e «noi non sappiamo che cosa dobbiamo chiedere» (Rm 8,26), la Chiesa ci esorta a invocarlo e ad implorarlo in ogni occasione: «Vieni, Spirito Santo!».

Ogni preghiera, sinceramente rivolta a Dio

– è "suscitata" dallo Spirito Santo, alla sua "origine", grazie a quella "mozione" che san Tommaso non esita, in diverse parti delle sue opere, a qualificare come «istinto dello Spirito Santo». Per questo lo Spirito Santo viene qui definito come *il Maestro interiore della preghiera cristiana.*

– ed è "illuminata" nella "verità" dei suoi "contenuti" dallo Spirito Santo, che è definito da Cristo stesso come «lo Spirito di Verità» (*Gv* 14,17). In questo senso il numero cita l'affermazione di san Paolo, intendendo che senza la luce dello Spirito Santo *«noi non sappiamo che cosa dobbiamo chiedere» (Rm 8,26)*.

562. In che cosa la preghiera cristiana è mariana?
(2673-2679 2682)

Per la sua singolare cooperazione all'azione dello Spirito Santo, la Chiesa ama pregare Maria e pregare con Maria, l'Orante perfetta, per magnificare e invocare il Signore con Lei. Maria, in effetti, ci «mostra la via» che è Suo Figlio, l'unico Mediatore.

In Maria è realizzato anticipatamente (fino dal suo concepimento, avvenuto senza aver contratto il "peccato originale"), ogni frutto della Redenzione (cioè del ristabilimento della "giustizia originale") operata da Cristo. Di conseguenza Maria, piena della Grazia dello Spirito Santo, è la prima ad essersi indirizzata sulla Via che è Cristo stesso, per giungere speditamente al Padre. Rivolgendoci a lei che *ci «mostra la via» che è Suo Figlio, l'unico Mediatore,* anche noi che la seguiamo possiamo giungere più speditamente e con sicurezza a Lui («rendi sicuro il nostro cammino (*iter para tutum,* come ci fa dire l'inno mariano *Ave Maris Stella*).

563. Come la Chiesa prega Maria? (2676-2678 2682)

Anzitutto con l'Ave Maria, preghiera con cui la Chiesa chiede l'intercessione della Vergine. Altre preghiere mariane sono il Rosario, l'inno Acatisto, la Paraclisis, gli inni e i cantici delle diverse tradizioni cristiane.

Sono queste le preghiere mariane della Tradizione cristiana, sia latina che orientale. Per noi l'*Ave Maria* e il *Rosario* sono le più familiari. I testi delle principali preghiere della Tradizione sono riportate nell'*Appendice* del *Compendio*.

Ed è bene recitare le preghiere tradizionali, oltre che rivolgerci spontaneamente a Dio con le nostre parole immediate, perché le preghiere tradizionali

- sono uno strumento di "comunione" con tutta la Chiesa, nella quale molti si trovano a recitarle in uno stesso momento, sia in forma corale esplicita quando sono riuniti in chiesa, che individualmente quando anche senza vedersi, stanno pregando;
- sono frutto dell'esperienza di santità di secoli di vita cristiana, ispirate o tratte dai Vangeli e dalla Scrittura.

GUIDE PER LA PREGHIERA

564. In che modo i Santi sono guide per la preghiera? (2683-2684 2692-2693)

I Santi sono i nostri modelli di preghiera e a loro domandiamo anche di intercedere, presso la Santissima Trinità, per noi e per il mondo intero. La loro intercessione è il più alto servizio che rendono al disegno di Dio. Nella comunione dei Santi, si sono sviluppati, lungo la storia della Chiesa, diversi tipi di spiritualità, che insegnano a vivere e a praticare la preghiera.

In questo numero e nei due seguenti, il *Compendio* offre delle indicazioni, in linea con la Tradizione e storia della vita di preghiera nella Chiesa, che rispondono alla stessa domanda che, tra i primi discepoli, un giorno uno di loro rivolse a Gesù: «Signore, insegnaci a pregare» (*Lc* 11,1). Il Signore, in quell'occasione insegnò e consegnò alla Chiesa quella che sarebbe stata poi chiamata *la preghiera del Signore,* il *Padre Nostro.* Ad essa sarà dedicata l'ultima parte (*sezione seconda*) del *Compendio* (nn. 578-598).

---

565. **Chi può educare alla preghiera?** (2685-2690 2694-2695)

La famiglia cristiana costituisce il primo focolare dell'educazione alla preghiera. La preghiera familiare quotidiana è particolarmente raccomandata, perché è la prima testimonianza della vita di preghiera della Chiesa. La catechesi, i gruppi di preghiera, la «direzione spirituale» costituiscono una scuola e un aiuto alla preghiera.

Questo numero rivolge l'attenzione al "soggetto" che può e deve essere in grado di educare alla preghiera le nuove generazioni di cristiani: dai bambini, ai neobattezzati adulti. Fondamentale è il "clima" di preghiera presente in famiglia. Non deve essere l'adempimento di un formalismo, quanto un "clima" che rivela la normale familiarità con Cristo, al quale ci si rivolge come a Colui che abita, protegge e guida la vita nella propria casa. In casa si impara ad aprire la giornata con un tempo di preghiera, ad un ricordo benedicente e grato prima di ogni pasto, ad un esame di coscienza e ad una preghiera conclusiva della giornata. Ad una richiesta di perdono quando ci si accorge di avere mancato di carità, di avere scelto con criteri diversi da Cristo; con il proposito di farne oggetto della prossima *Confessione.*

La recita di almeno una parte della *Liturgia delle Ore* è un buon aiuto per questo. Così la recita dell'*Angelus* e di una preghiera di consacrazione a Maria, a san Giuseppe. Un ricordo dei propri cari defunti e di quanti non hanno nessuno che preghi per loro.

---

566. **Quali sono i luoghi favorevoli alla preghiera?** (2691 2696)

Si può pregare dovunque, ma la scelta di un luogo appropriato non è indifferente per la preghiera. La chiesa è il luogo proprio della preghiera liturgica e dell'adorazione eucaristica. Anche altri luoghi aiutano a pregare, come un «angolo di preghiera» in casa; un monastero; un santuario.

Qui si fa un veloce accenno a "modalità" di preghiera:

– Quella "pubblica", assembleare, che si attua principalmente nella *Liturgia,* cioè nella santa Messa, nella *Liturgia delle Ore* recitata coralmente; nelle ore di *adorazione eucaristica.* Queste si celebrano normalmente in una chiesa, luogo pubblico dedicato al culto divino.

– Quella "privata", personale, che si vive individualmente, in momenti di silenzio possibilmente anche esteriore, oltre che interiore. Qui si parla di un *«angolo di preghiera» in casa.* Per *casa* si intende la propria abitazione, per un fedele laico, o anche un sacerdote; *un monastero; un santuario,* per un monaco, un religioso.

Gesù ha mostrato ai suoi discepoli questo "duplice modo" di pregare.

– Il modo "pubblico", quando si recava alla Sinagoga («Entrò, secondo il suo solito, di sabato nella sinagoga e si alzò a leggere [la Scrittura]», *Lc* 4,16), o prendeva parte alle feste ebraiche («Vi fu poi una festa dei Giudei e Gesù salì a Gerusalemme», *Gv* 5,1).

– il modo "privato", quando si ritirava da solo («Congedata la folla, salì sul monte, solo, a pregare. Venuta la sera, egli se ne stava ancora solo lassù», *Mt* 14,23; «Sedetevi qui, mentre io vado là a pregare», *Mt* 26,36).

E ha insegnato anche ad imitarlo, in questo secondo modo personale di preghiera: «Quando preghi, entra nella tua camera e, chiusa la porta, prega il Padre tuo nel segreto» (*Mt* 6,6).

Capitolo terzo
La vita di preghiera

567. Quali momenti sono più indicati per la preghiera? (2697-2698 2720)

Tutti i momenti sono indicati per la preghiera, ma la Chiesa propone ai fedeli ritmi destinati ad alimentare la preghiera continua: preghiere del mattino e della sera, prima e dopo i pasti; liturgia delle Ore; Eucaristia domenicale; santo Rosario; feste dell'anno liturgico.

«È necessario ricordarsi di Dio più spesso di quanto si respiri» (san Gregorio Nazianzeno).

Il suggerimento di dotarsi di una "regola di preghiera", da inserire nella "regola di vita" che stabilisce la "priorità" nell'impiego del tempo della giornata, ha un valore chiaramente educativo. Come sappiamo ogni "virtù" umana si acquisisce grazie alla ripetizione sistematica di "atti" positivamente orientati ad un "bene". In particolare per imparare a vivere in un "clima" di preghiera, così da avere costantemente presente:

– che siamo "creati", "mantenuti in esistenza", "voluti" e "amati" da Dio Creatore;
– e "salvati" (ri-orientati ad un "giusto modo" di rapporto con Dio) da Cristo Redentore.

Per questo occorre dotarsi di una "regola di preghiera" che preveda, nel corso di ogni giornata alcuni dei "momenti di preghiera" esemplificati in questo numero. Una preghiera fatta con le formule, i modi, e i tempi previsti dalla Chiesa, oltre ad invocazioni spontanee liberamente formulate.

Gesù in persona ha raccomandato nel Vangelo di pregare continuativamente: «Disse loro una parabola sulla necessità di pregare sempre, senza stancarsi» (*Lc* 8,1), così che l'atteggiamento di rapporto con Dio faccia parte della percezione normale che un cristiano ha di se stesso.

E così pure san Paolo: «Pregate senza sosta (*sine intermissione*)» (*1Tess* 5,17).

---

568. Quali sono le espressioni della vita di preghiera? (2697-2699)

La tradizione cristiana ha conservato tre modi per esprimere e vivere la preghiera: la preghiera vocale, la meditazione e la preghiera contemplativa. Il loro tratto comune è il raccoglimento del cuore.

Si introducono, a partire da questo numero, le tre modalità proprie che hanno espresso, attuandola nel corso della tradizione della spiritualità cristiana, la preghiera; sono: *la preghiera vocale, la meditazione e la preghiera contemplativa.* Di ciascuna di queste si parlerà nei prossimi tre numeri.

Possiamo anticipare utilmente la distinzione tra esperienza "ascetica" ed esperienza "mistica".

– con il termine "ascetica" si intende, tradizionalmente il lavoro personale del "soggetto" che "prega" con la voce e "medita" (esercitandosi nelle prime due forma della preghiera) e si impegna "soggettivamente" a correggersi esercitandosi per crescere nell'esercizio di ciò che è "bene" (virtù cardinali);

– con il termine "mistica" si intende il complesso di esperienze che il soggetto riceve "gratuitamente" (per "Grazia") direttamente dallo Spirito Santo, non per uno sforzo, lavoro o esercizio personale soggettivo, ma interamente per opera di Dio.

Quasi a compimento e ricompensa da parte di Dio data a colui che gli si è voluto interamente dedicare e offrire.

LE ESPRESSIONI DELLA PREGHIERA

569. **Come si caratterizza la preghiera vocale?** (2700-2704 2722)

La preghiera vocale associa il corpo alla preghiera interiore del cuore. Anche la più interiore delle preghiere non potrebbe fare a meno della preghiera vocale. In ogni caso essa deve sempre sgorgare da una fede personale. Con il Padre Nostro Gesù ci ha insegnato una formula perfetta di preghiera vocale.

La *preghiera vocale* è, evidentemente, la preghiera espressa "a voce" (In questo senso, coinvolgendo la fisicità dell'emettere il suono delle parole, essa *associa il corpo alla preghiera interiore del cuore*). Può essere attuata:

- in forma "corale", quando nella liturgia:
    = come durante la santa Messa
    = la celebrazione degli altri Sacramenti
    = la liturgia delle ore
    = la recita del santo Rosario

  il popolo risponde insieme alle invocazioni di colui che la presiede, o recita a cori alternati i Salmi;

- o in forma "individuale", pregando da soli, ma con parole espresse a voce, anche sommessa, o anche con parole espresse solo nel pensiero (in questo senso si dice che *anche la più interiore delle preghiere non potrebbe fare a meno della preghiera vocale*).

Gesù ha insegnato come forma tipica della preghiera vocale quella che, dopo di Lui, viene indicata come *la preghiera del Signore*, il *Padre nostro*. Se ne parlerà nella *Sezione seconda* dal n. 578 fino alla fine del *Compendio*.

---

570. Che cos'è la meditazione? (2705-2708 2723)

La meditazione è una riflessione orante, che parte soprattutto dalla Parola di Dio nella Bibbia. Mette in azione l'intelligenza, l'immaginazione, l'emozione, il desiderio, per approfondire la nostra fede, convenire il nostro cuore e fortificare la nostra volontà di seguire Cristo. È una tappa preliminare verso l'unione d'amore con il Signore.

La *meditazione* o *orazione mentale* è una *riflessione orante* più che una forma di preghiera vera e propria. Si svolge in silenzio, senza proferire parola, con il pensiero rivolto a Dio, guidata dalla fede, e quindi principalmente dalla *Parola di Dio nella Bibbia* e dagli scritti dei santi che, a loro volta, hanno fissato nei loro testi, quanto hanno appreso nella loro meditazione e nelle esperienze mistiche.

Può essere accompagnata, nelle sue espressioni più elevate, oltre che dal pensiero riflessivo che impegna *l'intelligenza,* anche da fenomeni esteriori di commozione dovuti alla *l'emozione* e al *desiderio* di essere uniti a Dio *per approfondire la nostra fede, convenire il nostro cuore e fortificare la nostra volontà di seguire Cristo.* Santa Caterina da Siena, come anche altri santi, conobbero, tra le altre esperienze, quella delle lacrime di commozione dinanzi all'opera redentrice di Dio e redentrice di Cristo (si parla in questo caso di "lacrime unitive").

---

571. Che cos'è la preghiera contemplativa? (2709-2719 2724 2739-2741)

La preghiera contemplativa è un semplice sguardo su Dio nel silenzio e nell'amore. E un dono di Dio, un momento di fede pura, durante il quale l'orante cerca Cristo, si rimette alla volontà amorosa del Padre e raccoglie il suo essere sotto l'azione dello Spirito.

Santa Teresa d'Avila la definisce un intimo rapporto di amicizia, «nel quale ci si intrattiene spesso da solo a solo con Dio da cui ci si sa amati».

La preghiera contemplativa è un dono che viene direttamente dallo Spirito Santo e non può essere artificialmente prodotto, né tantomeno simulato. La preghiera vocale e la meditazione può essere il terreno che lo prepara e lo accoglie, qualora esso si manifesti. È un livello di esperienza "mistica" che non è frutto del lavorio interiore del soggetto, ma è come un "essere trasportati" dal "vento" dello Spirito Santo.

È classico il paragone dell'impegno ascetico con la navigazione condotta con la forza dei rematori e dell'esperienza mistica con la navigazione ad opera della sola forza del vento che spingendo sulle vele muove la nave.

IL COMBATTIMENTO DELLA PREGHIERA

572. **Perché la preghiera è un combattimento?** (2725)

La preghiera è un dono della grazia, ma presuppone sempre una risposta decisa da parte nostra, perché colui che prega combatte contro se stesso, l'ambiente, e soprattutto contro il Tentatore, che fa di tutto per distoglierlo dalla preghiera. Il combattimento della preghiera è inseparabile dal progresso della vita spirituale. Si prega come si vive, perché si vive come si prega.

Questo numero mette in luce il dato di fatto che l'essere umano è fatto per stare "in compagnia" di Dio Creatore, per essere compiutamente realizzato, essere pienamente se stesso. La preghiera è il primo passo per accedere alla compagnia con Dio Creatore.

Satana che, per primo, si è voluto allontanare dalla compagnia con Dio Creatore, tenta di sedurre la creatura umana per farle fare la stessa scelta di allontanamento, per essere adorato al posto del Creatore. Per non cadere troppo facilmente e ingenuamente, finendo per farlo con maliziosa complicità, occorre allenarsi a ricercare la compagnia con Dio Creatore, mediante una "regola" di preghiera. La parola "regola" indica una regolarità di gesti e anche di orari nella giornata. Se si incomincia a fare delle eccezioni si finisce per cedere totalmente. Sarebbe come fare eccezioni nella regolarità del respirare, con l'effetto inevitabile di soffocare.

Avendo la creatura umana perso la "giustizia originale", con il cedimento alla tentazione di seguire il piano alternativo a Dio, attuato da Satana, vive in una condizione di combattimento per decidere se scegliere la compagnia di Dio, in Cristo, con lo Spirito Santo, o la compagnia di una creatura per se stessa, sganciata dal Creatore. In questo sta il *combattimento* per la fedeltà a Dio Creatore e a Cristo Redentore.

573. Ci sono obiezioni alla preghiera? (2726-2728 2752-2753)

Oltre a concezioni erronee, molti pensano di non avere il tempo di pregare o che sia inutile pregare. Coloro che pregano possono scoraggiarsi di fronte alle difficoltà e agli apparenti insuccessi. Per vincere questi ostacoli sono necessarie l'umiltà, la fiducia e la perseveranza.

Occorre il coraggio e la libertà di "provare" a darsi una "regola" di preghiera, fino ad apprezzare la compagnia che fa la preghiera, in quanto "tempo dedicato" totalmente e gratuitamente al Signore.

Quanto all'obiezione *che sia inutile pregare*:

- perché Dio sa già ciò di cui abbiamo bisogno ed è inutile e inopportuno domandarglielo;

- o perché non si cambia la volontà di Dio a favore della nostra, in quanto Dio sa quello che deve fare e non ha bisogno dei nostri suggerimenti;

- o perché la nostra lode a Dio non aumenta la Sua Gloria, che è già infinita, e altre obiezioni simili va detto che la preghiera non è fatta per strappare a Dio qualche favore o per arricchirlo di ciò che possiede già al massimo livello, quanto perché è Dio stesso che affida alla nostra libera volontà, una "parte" della Sua stessa libera volontà, così che noi, spendendo del nostro tempo per essere in esplicita sintonia con Lui, compiamo liberamente la Sua Volontà, unendole la nostra.

È la "partecipazione"

- dell'essere
- del conoscere
- e del volere

che ci rende simili a Dio stesso, per una Grazia che eleva la nostra natura, avvicinandola a Dio.

---

574. **Quali sono le difficoltà della preghiera?** (2729-2733 2754-2755)

La distrazione è la difficoltà abituale della nostra preghiera. Essa distoglie dall'attenzione a Dio, e può anche rivelare ciò a cui siamo attaccati. Il nostro cuore allora deve tornare umilmente al Signore. La preghiera è spesso insidiata dall'aridità, il cui superamento permette nella fede di aderire al Signore anche senza una consolazione sensibile. L'accidia è una forma di pigrizia spirituale dovuta al rilassamento della vigilanza e alla mancata custodia del cuore.

Qui vengono indicate alcune difficoltà che possono affiorare nell'esercizio della preghiera, quali:

- *la distrazione* che *distoglie dall'attenzione a Dio* portando la mente su *ciò a cui siamo attaccati* (dai pensieri alle preoccupazioni quotidiane, alle nostre ambizioni e progetti immediati e futuri, ecc.);

– *l'aridità* che priva del riscontro affettivo del "sentimento" durante la preghiera, per cui ci si può sentire scoraggiati per il fatto che "non si sente" la vicinanza di Dio;

– *accidia* che impigrisce la volontà di impegnarsi con Dio, che è la Verità della vita.

La *La distrazione* non deve essere un motivo per non pregare, perché è comunque più educativo decidere di spendere del tempo dedicato a Dio che decidere di non farlo. Anche l'età che avanza rende più difficile la concentrazione, ma il Signore lo sa perché ci ha creato Lui e conosce queste nostre limitazioni e non si "scandalizza" (se così ci si può esprimere) per questo.

L'aridità è una prova che viene data anche – e soprattutto – ai santi, per farli desistere dalla preghiera. Ma la fede non è principalmente un "sentimento", quanto piuttosto un "giudizio", per cui nei momenti di aridità è la "l'intelligenza di fede" che supplisce il "sentimento" (*anche senza una consolazione sensibile*).

L'accidia che è uno dei sette "vizi capitali" (superbia, avarizia, invidia, ira, lussuria, gola, accidia), è il disimpegno con l'esistenza, la non voglia di affrontare la fatica del vivere anche nelle cose quotidiane minime – e tantomeno in quelle importanti e decisive per l'esistenza – l'avvertire il mondo intero sulle proprie spalle anche se non può essere così. È un tutt'uno con la "noia del vivere" (*taedium vitae*). Anche qui è "l'intelligenza della fede" che entra in funzione, ricordandoci che Dio è Provvidenza («Il Signore provvede») e non abbandona le Sue creature. («Abramo chiamò quel luogo: "Il Signore provvede", perciò oggi si dice: "Sul monte il Signore provvede"», *Gen* 22,14).

---

575. Come fortificare la nostra confidenza filiale?
(2734-2741 2756)

La confidenza filiale è messa alla prova quando pensiamo di non essere esauditi. Dobbiamo chiederci allora se Dio è per noi un

Padre di cui cerchiamo di compiere la volontà, oppure è un semplice mezzo per ottenere quello che vogliamo. Se la nostra preghiera si unisce a quella di Gesù, sappiamo che Egli ci concede molto più di questo o di quel dono: riceviamo lo Spirito Santo che trasforma il nostro cuore.

Possiamo aggiungere che il rapporto tra la creatura umana e Dio non può essere concepito come un rapporto "schiavo/padrone", per cui al padrone occorre strappare sindacalmente qualcosa per averlo in possesso. Questa era la concezione pagana per cui Prometeo si rendeva eroico nel rubare il fuoco agli dèi. Nella prospettiva biblica è la logica del peccato originale.

Ma deve poter essere concepito come un rapporto figlio/Padre, nel riconoscimento sereno di essere voluti e amati dal Padre: «Figlio, tu sei sempre con me e tutto ciò che è mio è tuo» (*Lc* 15,31).

576. È possibile pregare in ogni momento? (2742-2745 2757)

Pregare è sempre possibile, perché il tempo del cristiano è il tempo del Cristo Risorto, il quale «rimane con noi tutti i giorni» (Mt 28,20). Preghiera e vita cristiana sono perciò inseparabili.

«È possibile, anche al mercato o durante una passeggiata solitaria, fare una frequente e fervorosa preghiera. È possibile pure nel vostro negozio, sia mentre comperate sia mentre vendete, o anche mentre cucinate» (san Giovanni Crisostomo).

La preghiera, oltre che nel tempo che dedichiamo esplicitamente ad essa durante la giornata, è come una "postura" abituale, una "posizione" permanente dell'animo, quando si è abituati a concepirsi – ormai istintivamente – come parte di un universo che ha Dio per Creatore, Cristo come Redentore che ci riporta nella "gusta posizione", lo Spirito di Verità che ci istruisce, lo Spirito

Consolatore che ci incoraggia affettuosamente. Per cui sappiamo che Dio, per il solo fatto di volerci esistenti, ci sta dicendo momento per momento: *Come è bene che tu ci sia!*

---

577. Che cos'è la preghiera dell'Ora di Gesù? (2604 2746-2751 2658)

È chiamata così la preghiera sacerdotale di Gesù all'Ultima Cena. Gesù, il Sommo Sacerdote della Nuova Alleanza, la rivolge al Padre quando giunge l'Ora del suo «passaggio» a Lui, l'Ora del suo sacrificio.

Si tratta della preghiera "esemplare" che Gesù indirizza al Padre nell'Orto degli Ulivi, poco prima dell'arresto e del compiersi della Sua Passione. Essa coinvolge la Sua umanità, guidata dall'intelligenza e dalla volontà umane assunte nella Persona del Verbo. Essa è descritta nei capitolo 17 del Vangelo di Giovanni. Fa parte dell'ultimo "Discorso del Signore" (*Sermo Dominicus*) riportato nei capitoli 14-17.

Sezione seconda: la preghiera del Signore Padre Nostro

Padre Nostro	Pater Noster
Padre nostro, che sei nei cieli, sia santificato il tuo nome, venga il tuo regno, sia fatta la tua volontà, come in cielo così in terra. Dacci oggi il nostro pane quotidiano, e rimetti a noi i nostri debiti come noi li rimettiamo ai nostri debitori, e non ci indurre in tentazione, ma liberaci dal male.	Pater noster, qui es in cælis: sanctificétur Nomen Tuum: advéniat Regnum Tuum: fiat volúntas Tua, sicut in cælo, et in terra. Panem nostrum cotidiánum da nobis hódie, et dimítte nobis débita nostra, sicut et nos dimíttimus debitóribus nostris. et ne nos indúcas in tentatiónem; sed líbera nos a Malo.

578. Qual è l'origine della preghiera del Padre Nostro? (2759-2760 2773)

Gesù ci ha insegnato questa preghiera cristiana insostituibile, il Padre nostro, un giorno in cui un discepolo, vedendolo pregare, gli chiese: «Insegnaci a pregare» (Lc 11,1). La tradizione liturgica della Chiesa ha sempre usato il testo di san Matteo (6,9-13).

Il *Padre Nostro* è l'unica preghiera dettata letteralmente dal Signore e, come tale, ha un valore unico per la sua "perfezione" nella sua "formulazione".

Ogni alterazione del suo testo è esecrabile e inaccettabile, soprattutto se intesa ad adattarlo alla mentalità contemporanea. L'unico "originale" che ci è pervenuto è il testo greco, non potendo avere l'"originale" aramaico, lingua nella quale Gesù l'ha pronunciata insegnandola ai discepoli. San Girolamo che la tradusse in latino (nel *corpus* della versione *Vulgata* dell'intera sacra Scrittura) preferì "traslitterare" dal greco in latino, piuttosto che "interpretare" i passi più difficili.

«LA SINTESI DI TUTTO IL VANGELO»

579. **Qual è il posto del Padre Nostro nelle Scritture?** (2761-2764 2774)

Il Padre Nostro è la «sintesi di tutto il Vangelo» (Tertulliano), «la preghiera perfettissima» (san Tommaso d'Aquino). Situato al centro del Discorso della Montagna (Mt 5-7), riprende sotto forma di preghiera il contenuto essenziale del Vangelo.

Non c'è nulla da aggiungere a questo numero che spiega perfettamente quanto la *Preghiera del Signore,* come viene spesso qualificata, per il suo autore, abbia rappresentato e rappresenti per ogni cristiano e per la Chiesa intera.

580. **Perché viene chiamato «la preghiera del Signore»?** (2765-2766 2775)

Il Padre Nostro è chiamato «Orazione domenicale», cioè «la preghiera del Signore», perché ci è stato insegnato dallo stesso Signore Gesù.

Questo numero motiva, appunto, la denominazione che identifica questa preghiera come *«Orazione domenicale»,* traduzione italiana del latino *oratio dominica,* ovvero *preghiera del Signore.*

581. **Quale posto occupa il Padre Nostro nella preghiera della Chiesa?** (2767-2772 2776)

Preghiera della Chiesa per eccellenza, il Padre Nostro è «consegnato» nel Battesimo per manifestare la nuova nascita alla vita divina dei figli di Dio. L'Eucaristia ne rivela il senso pieno, poiché le sue domande, fondandosi sul Mistero della Salvezza già realizzato, saranno pienamente esaudite alla venuta del Signore. Il Padre Nostro è parte integrante della Liturgia delle Ore.

Vengono riassunte qui cose che sono state già viste in dettaglio, nei numeri precedenti lungo tutto il *Compendio*, a proposito del *Padre Nostro* quale *Ppreghiera della Chiesa*.

- In primo luogo *il Padre Nostro è «consegnato» nel Battesimo* insieme al *simbolo* della fede, il *Credo* che il catecumeno, ricevutolo durante la catechesi battesimale per impararlo a memoria, restituisce alla Chiesa come professione della sua fede, all'atto della ricezione del Battesimo.

- Poi il *il Padre Nostro* viene recitato durante la celebrazione della santa Messa, prima di ricevere sacramentalmente il Corpo del Signore, nella santa Comunione, *l'Eucaristia* [...] *poiché le sue domande, fondandosi sul Mistero della Salvezza già realizzato* collocano nel giusto atteggiamento per ricevere la Santa Comunione.

- In esso viene anticipata la promessa escatologica del pieno esaudimento della finale risposta alle *domande* contenute nel *Padre Nostro* nell'Eternità, *alla venuta del Signore*.

- Ogni giorno esso viene recitato come *parte integrante della Liturgia delle Ore* nelle ore delle *Lodi* e dei *Vespri*.

«PADRE NOSTRO CHE SEI NEI CIELI»

582. **Perché possiamo «osare avvicinarci in piena confidenza» al Padre?** (2777-2778 2797)

Perché Gesù, il nostro Redentore, ci introduce davanti al Volto del Padre, e il suo Spirito fa di noi dei figli. Possiamo così pregare il Padre Nostro con una fiducia semplice e filiale, una gioiosa sicurezza e un'umile audacia, con la certezza di essere amati ed esauditi.

Con la Sua Passione, Morte e Risurrezione, Cristo ha compiuto tutto il progetto dell'Incarnazione, per riaprire all'uomo-umanità, l'accesso alla "giustizia originale", che gli esseri umani hanno rifiutato alle origini ("peccato originale") e ripetutamente lungo la loro storia ("peccati attuali"). Questa "restituzione-riparazione" della giustizia ha ricollocato ogni essere umano che la voglia accettare, nel "giusto orientamento" verso Dio-Trinità, nel "giusto rapporto" con Dio Creatore. In quanto Creatore, Dio è Principio di tutto ciò che esiste, come Padre:

- per "natura" della "generazione" del Figlio (il Verbo);
- per "partecipazione" di ogni persona umana, in quanto
  = "creata" nel suo "essere'
  = e "redenta", elevata per "Grazia".

Così l'essere umano che accoglie questa "redenzione" ricevuta "per Grazia", viene introdotto a partecipare della Vita della stessa Trinità (è la Grazia), ed è invitato a rivolgersi, perciò a Dio come Padre. Non per "natura", ma per "partecipazione".

Per questo Gesù, parlando con i Suoi, ha distinto due modi nella Paternità di Dio:

- l'uno "per natura", nei confronti Suoi, di Figlio-Verbo di Dio (per "generazione");

– l'altro "per partecipazione" nei nostri confronti (per "crea-turalità" e per "adozione").

«Io salgo al Padre *Mio* [per "natura"] e Padre *vostro* [per "parte-cipazione"], Dio Mio e Dio vostro» (*Gv* 20,17).

«Pertanto le membra autentiche e fedeli di Cristo possono dire di sé, in tutta verità, ciò che Egli è, anche Figlio di Dio, anche Dio. Ma ciò che egli è per natura, le membra lo sono per parte-cipazione» (Beato Isacco della Stella, *Discorsi,* Disc 42; PL 194, 1831-1832; Ufficio delle letture del Venerdì della V settimana di Pasqua).

---

583. Com'è possibile invocare Dio come «Padre»? (2779-2785 2789 2798-2800)

Possiamo invocare il «Padre» perché il Figlio di Dio fatto uomo ce lo ha rivelato e il suo Spirito ce lo fa conoscere. L'invocazione del Padre ci fa entrare nel suo mistero con uno stupore sempre nuovo, e suscita in noi il desiderio di un comportamento filiale. Con la preghiera del Signore siamo quindi consapevoli di essere figli del Padre nel Figlio.

Qui la parola chiave è *rivelato*. Senza la "rivelazione" da parte di Cristo, noi non avremmo potuto conoscere la natura trinitaria di Dio, con la sola ragione.

Quindi, non conoscendo nulla di Dio Padre, non avremmo po-tuto invocare propriamente Dio come *Padre nostro.* Qualcuno, prima di Cristo, può avere avuto qualche intuizione generica e imprecisa (*cfr.,* la preghiera di Cleante di Asso che attribuisce a *Zeus,* l'appellativo di "Padre", citata per esteso nel vol. 1 di questa esposizione cel *Compendio,* pp. 61-62).

584. Perché diciamo Padre «Nostro »? (2786-2790 2801)

«Nostro» esprime una relazione totalmente nuova con Dio. Quando preghiamo il Padre, lo adoriamo e lo glorifichiamo con il Figlio e lo Spirito. Siamo in Cristo il «suo» Popolo, e Lui è il «nostro» Dio, da ora e per l'eternità. Diciamo, infatti, Padre «nostro», perché la Chiesa di Cristo è la comunione di una moltitudine di fratelli che hanno «un cuore solo e un'anima sola» (At 4,32).

In questo numero si fa un passo in più, nell'inoltrarsi nella *Preghiera del Signore*, nella quale all'appellativo di *Padre* riferito a Dio Creatore, si aggiunge il possessivo *Nostro*. Con questa ulteriore precisazione, inedita, prima che questa preghiera fosse insegnata da Gesù, viene identificato il "soggetto" di questa preghiera rivolta al Padre, che è, per sua natura "comunitario". Anche quando un cristiano prega da solo, è sempre "appartenente" alla Chiesa, prega con la Chiesa, il suo soggetto è sempre un "noi". Ecco perché diciamo *Nostro*.

585. Con quale spirito di comunione e di missione preghiamo Dio Padre «nostro»? (2791-2793 2801)

Poiché pregare il Padre «nostro» è un bene comune dei battezzati, questi sentono l'urgente appello di partecipare alla preghiera di Gesù per l'unità dei suoi discepoli.

Pregare il «Padre Nostro» è pregare con tutti gli uomini e per l'umanità intera, affinché tutti conoscano l'unico e vero Dio e siano riuniti in unità.

La dimensione "missionaria" della preghiera – e del *Padre Nostro* in particolare – risiede nella consapevolezza che i cristiani hanno della necessità che ogni essere umano, "oggettivamente" ("metafisicamente"), e "soggettivamente" ("esistenzialmente") ha di concepire e condurre tutta la propria esistenza, tenendo ben presente che c'è Dio che è Padre, riscoprendo il "giusto rapporto" di ogni essere con Dio Creatore.

---

586. **Che cosa significa l'espressione «che sei nei cieli»?** (2794-2796 2802)

Questa espressione biblica non indica un luogo, ma un modo di essere: Dio è al di là e al di sopra di tutto. Essa designa la maestà, la santità di Dio, e anche la sua presenza nel cuore dei giusti. Il Cielo, o la Casa del Padre, costituisce la vera patria verso cui tendiamo nella speranza, mentre siamo ancora sulla terra. Noi viviamo già in essa «nascosti con Cristo in Dio» (Col 3,3).

Questo numero intende spiegare come la formula *che sei nei Cieli* serva ad istruire in modo semplice, sulla "trascendenza" di Dio, che è spirito irriducibile alla materia. Ciò non significa distacco e disinteresse per la Sua Creazione, la quale, al contrario, proprio per esistere e sussistere necessita di un fondamento ad essa trascendente, che è causa dell'essere e dell'esistere.

LE SETTE DOMANDE

587. **Come è composta la preghiera del Signore?**
(2803-2806 2857)

Essa contiene sette domande a Dio Padre. Le prime tre, più teologali, ci portano verso di Lui, per la Sua Gloria: è proprio dell'amore pensare innanzitutto a Colui che si ama. Esse suggeriscono che cosa dobbiamo in particolare domandargli: la santificazione del Suo Nome, l'avvento del Suo Regno, la realizzazione della Sua Volontà. Le ultime quattro presentano al Padre di misericordia le nostre miserie e le nostre attese. Gli chiedono di nutrirci, di perdonarci, di sostenerci nelle tentazioni e di liberarci dal Maligno.

Vengono enunciate qui le *sette domande* rivolte a Dio Padre, nella preghiera del *Padre Nostro*. La suddivisione tra *le prime tre* e le restanti – al di là della diversità nel numero – richiama, in certo modo, anche la suddivisione tra i primi tre *Comandamenti* e i restanti sette.

– Le prime tre domande (e i primi tre Comandamenti) riguardano il "giusto rapporto" tra la creatura umana e Dio Creatore. Non tenerne conto, non domandare di collocarsi nel "giusto modo" del rapporto con Dio Padre Creatore, compromette la vivibilità della nostra vita sulla terra e, di conseguenza, la nostra condizione definitiva nell'Eternità.

– Le rimanenti domande contengono concrete richieste di aiuto per soddisfare le necessità "materiali" (il nutrimento: il "pane quotidiano") e "spirituali" della nostra vita temporanea in questo mondo (nei rapporti con Dio, con il prossimo e per sostenere ogni prova della fede).

588. Che cosa significa: «Sia santificato il tuo nome»? (2807-2812 2858)

Santificare il Nome di Dio è innanzitutto una lode che riconosce Dio come Santo. Infatti, Dio ha rivelato il suo santo Nome a Mosè e ha voluto che il suo popolo gli fosse consacrato come una nazione santa in cui egli dimora.

A partire da questo numero ciascuna delle *sette domande* viene esaminata singolarmente. A partire dalla prima: *«Sia santificato il tuo nome»*.

È la domanda di avere la Grazia che permette di riconoscere che Dio è Santo. Cioè che Lui è la pienezza del Bene (il Sommo Bene), in se stesso e quindi per noi. È il fine ultimo di tutto, il destino finale, desiderato dal nostro essere, e ciò che attira affettivamente.

589. Come è santificato il Nome di Dio in noi e nel mondo? (2813-2815)

Santificare il Nome di Dio che ci chiama «alla santificazione» (1Ts 4,7) è desiderare che la consacrazione battesimale vivifichi tutta la nostra vita. Inoltre, è domandare, con la nostra vita e con la nostra preghiera, che il Nome di Dio sia conosciuto e benedetto da ogni uomo.

Questi tre numeri, che riguardano le prime tre domande della *Preghiera del Signore,* chiedendo di essere aiutati a mantenere, nella propria vita personale come in quella pubblica, il "giusto modo" di essere e mantenersi "orientati" verso "Dio Creatore" e verso "Cristo Redentore", possono essere considerati i principi fondanti di ogni forma di "cultura cristiana".

La centralità di Cristo, il dovuto riferimento di ogni cosa al suo fondamento che è il Creatore:

– dalla regola della vita personale (ritmo della preghiera, regole di comportamento, modo di organizzare e gestire il lavoro, affronto della fatica e della sofferenza, ringraziamento per ciò che si riceve e si realizza, ecc.);

– alla vita pubblica (legislazione, urbanistica della città, modalità dell'istruzione e dell'educazione, della comunicazione mediatica, ecc.)

sono modi concreti di santificare (o, al contrario, disonorare) il Nome di Dio.

590. Che cosa domanda la Chiesa pregando: «Venga il tuo Regno»? (2816-2821 2859)

La Chiesa invoca la venuta finale del Regno di Dio attraverso il ritorno di Cristo nella gloria. Ma la Chiesa prega anche perché il Regno di Dio cresca fin da oggi mediante la santificazione degli uomini nello Spirito e, grazie al loro impegno, con il servizio della giustizia e della pace, secondo le Beatitudini. Questa domanda è il grido dello Spirito e della Sposa: «Vieni, Signore Gesù!» (Ap 22,20).

Questo numero sviluppa ulteriormente le conseguenze culturali, sociali, pubbliche, della domanda di santificazione del Nome di Dio, fino ad incidere sul modo di concepire la Nazione e lo Stato, il modo di governare. La parola "Regno" designa propriamente il governo dello Stato. Il Regno di Dio non è di questo mondo, ma non tenere conto della sua esistenza, finisce per travolgere fino alla rovina ogni governo di questo mondo. Oggi lo si vede in modo evidente!

591. Perché domandare: «Sia fatta la Tua Volontà come in Cielo così in terra»? (2822-2827 2860)

La volontà del Padre è che «tutti gli uomini siano salvati» (1Tm 2,3). Per questo Gesù è venuto: per compiere perfettamente la Volontà salvifica del Padre. Noi preghiamo Dio Padre di unire la nostra volontà a quella del Figlio Suo, sull'esempio di Maria Santissima e dei Santi. Domandiamo che il Suo disegno benevolo si realizzi pienamente sulla terra come già nel cielo. È mediante la preghiera che possiamo «discernere la volontà di Dio» (Rm 12,2) e ottenere la «costanza per compierla» (Eb 10,36).

Qui si parla del modo più perfetto, utile e costruttivo. con cui una creatura umana può servirsi della propria libertà. È quello di domandare di essere messi in grado di scegliere secondo la Volontà di Dio. Dio delega alla nostra libera volontà, una parte della Sua Volontà, perché noi, scegliendo di fare la Sua Volontà, ne abbiamo il giusto beneficio, già da ora sulla terra. E insieme ci prepariamo a godere della partecipazione alla Vita di Dio, nell'Eternità.

---

592. Qual è il senso della domanda: «Dacci oggi il nostro pane quotidiano»? (2828-2834 2861)

Chiedendo a Dio, con l'abbandono fiducioso dei figli, il nutrimento quotidiano necessario a tutti per la propria sussistenza, riconosciamo quanto Dio nostro Padre sia buono al di là di ogni bontà. Domandiamo anche la grazia di saper agire perché la giustizia e la condivisione permettano all'abbondanza degli uni di sopperire ai bisogni degli altri.

Inizia, a partire da questo numero, la spiegazione delle sette domande che riguardano le necessità di ciascuno di noi in relazione alla presente vita quotidiana.

La prima necessità è quella di alimentare il corpo. In questa domanda possiamo intendere incluso non solo il cibo, ma tutto quanto serve per mantenerlo e sostenerlo in salute e in condizioni umanamente dignitose. Il plurale *dacci* – presente nella formulazione della preghiera – lascia intendere che il "soggetto" che rivolge la domanda al Padre, è un soggetto "plurale" e non isolatamente "singolare". In questo viene incluso l'amore per il prossimo che chiede che *la giustizia e la condivisione permettano all'abbondanza degli uni di sopperire ai bisogni degli altri.*

---

593. Qual è il senso specificamente cristiano di questa domanda? (2835-2837 2861)

Poiché «l'uomo non vive soltanto di pane, ma di ogni parola che esce dalla bocca di Dio» (Mt 4,4), questa domanda riguarda ugualmente la fame della Parola di Dio e quella del Corpo di Cristo ricevuto nell'Eucaristia, come pure la fame dello Spirito Santo. Noi lo domandiamo con una confidenza assoluta, per oggi, l'oggi di Dio, e questo ci viene dato soprattutto nell'Eucaristia, che anticipa il banchetto del Regno che verrà.

Poi si aggiunge, in sintonia con l'esplicito insegnamento di Cristo, di riferire sempre ogni aspetto ed esigenza della vita normale di ogni giorno (il *pane quotidiano*) alla Rivelazione, alla Dottrina di Cristo, per avere ben presente che *«l'uomo non vive soltanto di pane, ma di ogni parola che esce dalla bocca di Dio» (Mt 4,4).*

594. Perché diciamo: «Rimetti a noi i nostri debiti come noi li rimettiamo ai nostri debitori»? (2838-2839 2862)

Chiedendo a Dio Padre di perdonarci, ci riconosciamo peccatori dinanzi a Lui. Ma confessiamo al tempo stesso la Sua misericordia, perché, nel Figlio Suo e attraverso i Sacramenti, «riceviamo la redenzione, la remissione dei peccati» (Col 1,14). La nostra domanda, tuttavia, verrà esaudita solo a condizione che noi, prima, abbiamo a nostra volta perdonato.

La domanda di essere perdonati, per avere una risposta efficace, richiede il "pentimento sincero", cioè la consapevole presa d'atto di essersi allontanati dal "modo giusto" di rapportarci con Dio Creatore, con Dio Padre. Così come la presa d'atto del "pentimento sincero" di chi ci ha fatto del male, perché si è allontanato dal "modo giusto" di rapportarsi con Dio Creatore, richiede a noi di perdonarlo come Dio lo Padre lo ha perdonato. Non tocca a noi sapere se il pentimento altrui è stato interiormente sincero, perché questo Dio può saperlo, ma a noi tocca la disponibilità a perdonare chi si mostra pentito.

595. Com'è possibile il perdono? (2840-2845 2862)

La misericordia penetra nel nostro cuore solo se noi pure sappiamo perdonare, persino ai nostri nemici. Ora, anche se per l'uomo sembra impossibile soddisfare a questa esigenza, il cuore che si offre allo Spirito Santo può, come Cristo, amare fino all'estremo della carità, tramutare la ferita in compassione, trasformare l'offesa in intercessione. Il perdono partecipa della misericordia divina ed è un vertice della preghiera cristiana.

La chiave per comprendere questo numero sul perdono è racchiusa nell'ultima frase: *Il perdono partecipa della misericordia divina ed è un vertice della preghiera cristiana.* Noi possiamo "partecipare" della volontà di Dio di "ricostruire" (è il "perdono") la "giustizia infranta" nei Suoi come nei nostri confronti (è il "peccato"). Noi ci ricollochiamo nel "giusto modo" di guardare l'altro (peccatore pentito), come lui viene ricollocato da Dio nel "giusto modo" di guardare a noi, essendo stato ricollocato nel "giusto modo" di rapportarsi con Dio.

596. Che cosa significa: «Non ci indurre in tentazione»? (2846-2849 2863)

Noi domandiamo a Dio Padre di non lasciarci soli e in balìa della tentazione. Domandiamo allo Spirito di saper discernere, da una parte, fra la prova che fa crescere nel bene e la tentazione che conduce al peccato e alla morte, e, dall'altra, fra essere tentati e consentire alla tentazione. Questa domanda ci unisce a Gesù che ha vinto la tentazione con la sua preghiera. Essa sollecita la grazia della vigilanza e della perseveranza finale.

La domanda *«Non ci indurre in tentazione»*

- non significa propriamente di *non essere abbandonati* ("oggettivamente") perché Dio non abbandona che lo invoca sinceramente;

- quanto di non sentirsi abbandonati ("soggettivamente").

– Ma soprattutto significa di non permettere di essere messi alla prova dal "tentatore" (Satana) in modo superiore alle nostre possibilità di respingerlo («Dio è fedele e non permetterà che siate tentati oltre le vostre forze, ma con la tentazione vi darà anche la via d'uscita e la forza per sopportarla», *1Cor* 10,13).

La prova è necessaria per irrobustire la solidità della fede e la Grazia per affrontarla con esito positivo non viene negata a chi la domanda sinceramente. Fosse anche dopo una caduta, recuperando lo stato di Grazia attraverso il Sacramento della Penitenza.

Quanto alla cosiddetta "traduzione" del Padre Nostro che introduce l'espressione «non abbandonarci alla tentazione», va evidenziato che non si tratta, propriamente di una "traduzione" (non corrispondendo alla lettera del testo Greco, né della *Vulgata* latina, quanto di un'"interpretazione" dall'accento marcatamente soggettivistico.

597. Perché concludiamo domandando: «Ma liberaci dal Male»?
(2850-2854 2864)

Il Male indica la persona di Satana, che si oppone a Dio e che è «il seduttore di tutta la terra» (Ap 12,9). La vittoria sul diavolo è già conseguita da Cristo. Ma noi preghiamo affinché la famiglia umana sia liberata da Satana e dalle sue opere. Domandiamo anche il dono prezioso della pace e la grazia dell'attesa perseverante della venuta di Cristo, che ci libererà definitivamente dal Maligno.

Questo numero opera la precisazione tutt'altro che scontata che *il Male* è personificato: è Satana, *il Maligno* cioè colui che orienta e spinge ad allontanarsi dal Bene (in questo sta il male). Occorre puntualizzare che in Greco, come in latino con le stesso termine ($\pi o \nu \eta \rho \delta \varsigma$, *malus*) si designa sia il male "in astratto", che il maligno "come persona". E qui il riferimento a Satana, come il male come persona, è evidente.

Per cui se si fosse voluto, effettivamente migliorare la traduzione del *Padre Nostro* sarebbe stato più opportuno sostituire la dizione *liberaci dal male* con *liberaci dal Maligno,* essendo questa sì, una traduzione più fedele.

598. Cosa significa l'Amen finale? (2855-2856 2865)

«Al termine della preghiera, tu dici: Amen, sottoscrivendo con l'Amen, che significa "Così sia", tutto ciò che è contenuto nella preghiera, insegnata da Dio» (san Cirillo di Gerusalemme).

L'*Amen* al termine di ogni preghiera è l'atto di sottoscrizione mediante una professione di fede da parte dell'orante.

Indice

228